区域产业生态战略管理研究

陶春元　著

中国财经出版传媒集团

经济科学出版社
Economic Science Press

图书在版编目（CIP）数据

区域产业生态战略管理研究/陶春元著. —北京：
经济科学出版社，2019.5
ISBN 978 - 7 - 5218 - 0680 - 9

Ⅰ.①区…　Ⅱ.①陶…　Ⅲ.①区域经济发展 – 产业
发展 – 生态经济学 – 战略管理 – 研究 – 中国　Ⅳ.①F127

中国版本图书馆 CIP 数据核字（2019）第 134095 号

责任编辑：刘　莎
责任校对：齐　杰
责任印制：邱　天

区域产业生态战略管理研究

陶春元　著

经济科学出版社出版、发行　新华书店经销
社址：北京市海淀区阜成路甲 28 号　邮编：100142
总编部电话：010 - 88191217　发行部电话：010 - 88191522
网址：www.esp.com.cn
电子邮箱：esp@esp.com.cn
天猫网店：经济科学出版社旗舰店
网址：http://jjkxcbs.tmall.com
北京密兴印刷有限公司印装
710 × 1000　16 开　12 印张　220000 字
2019 年 5 月第 1 版　2019 年 5 月第 1 次印刷
ISBN 978 - 7 - 5218 - 0680 - 9　定价：42.00 元
（图书出现印装问题，本社负责调换。电话：010 - 88191510）
（版权所有　侵权必究　打击盗版　举报热线：010 - 88191661
QQ：2242791300　营销中心电话：010 - 88191537
电子邮箱：dbts@esp.com.cn）

前　　言

　　制定长江经济带战略推动长江经济带发展，是党中央主动适应把握引领经济发展新常态，科学谋划中国经济新棋局，作出的既利当前又惠长远的重大决策部署，对于实现"两个一百年"奋斗目标和中华民族伟大复兴的中国梦，具有重大现实意义和深远历史意义。2018 年 4 月 26 日，习近平在武汉主持召开深入推动长江经济带发展座谈会并着重强调："首先定个规矩，就是要抓大保护，不搞大开发。""不搞大开发不是不搞大的发展，而是要科学地发展、有序地发展。""不搞大开发不是不要开发，而是不搞破坏性开发，要走生态优先、绿色发展之路"。毫无疑问，我们面临一个重要课题：长江经济带如何走出生态优先、绿色发展之路？

　　所谓绿色发展是以效率、和谐、持续为目标的经济增长和社会发展方式。从内涵看，绿色发展是在传统发展基础上的一种模式创新，是建立在生态环境容量和资源承载力的约束条件下，将环境保护作为实现可持续发展重要支柱的一种新型发展模式。具体来说包括以下三个要点：一是要将环境资源作为社会经济发展的内在要素；二是要把实现经济、社会和环境的可持续发展作为绿色发展的目标；三是要把经济活动过程和结果的"绿色化""生态化"作为绿色发展的主要内容和途径。很显然，"生态优先、绿色发展"与"产业生态化"具有密切关联。

　　所谓产业生态化是指产业遵循自然生态有机循环机理，在自然系统承载能力内，对特定地域空间内产业系统、自然系统与社会系统之间进行耦合优化，达到充分利用资源，消除环境破坏，协调自然、社会与经济的持续发展。

按照厉无畏的说法:"产业生态化是对'产业生态'术语的动词化。产业生态是指产业与其环境间的相互关系。产业生态化的概念有以下四层含义:一是产业生态化是继工业化后21世纪的一种新型产业发展模式。在产业领域倡导新的经济规范和行为准则,以实现产业的可持续发展,促进人与自然的协调与和谐。二是产业生态化的核心是产业系统的生态化。模仿自然生态系统构造出产业生态系统,即把一个产业、一个行业或整个企业看作一个系统,应用生态系统中物种共生、物质循环再生的原理,利用现代科技和系统工程的方法通过一系列工艺链与生态链的连接和组合,采用系统工程的最优化方法,设计出多层次利用物质的生产工艺系统。三是产业生态化的目标是促进产业与环境的协调发展。在促进自然界良性循环的前提下,通过合理开发利用区域生态系统的环境和资源,使资源在系统内得到循环利用,充分发挥出物质的最大生产潜力,从而减少废物的产生,使产业发展对环境的污染和破坏降到尽可能低的程度,最终实现产业与环境的协调发展。四是产业生态化是一个动态变化的过程。产业生态系统的构建如同工业化进程,有一个从低级到高级不断发展、不断完善的演进过程"。因此,如果说"绿色发展"是目标、是模式,那么"产业生态化"则是经济绿色发展的实践和实现过程。

产业生态化是我国特有的提法,运用的指导思想是循环经济"3R"理念,实践上主要落实在生态工业园或者循环工业园的规划与建设上。在将近20年的实践中,应该说我国的生态工业园已经取得显著的发展,但仍然存在很明显的不足,表现在:(1)达标进展不尽如人意。按照国家生态环境部司长张波介绍,截至2018年3月底,全国有工业废水排放的省级以上工业聚集区2356家。其中94%的园区按规定建成了污水集中处理设施,92%安装了自动在线监控设施。至2017年底,批准作为生态工业示范园区建设的有45家,批准为生态工业示范园区为48家。这至少部分表明,能够达到示范园区标准的比例不太高。在我国,如此高位推动的项目进展竟然如此缓慢极为少见。(2)达标示范园区仍存在不少缺陷。前瞻产业研究院有一份报告《2018年生态工业园发展现状与未来趋势分析》,其中指出,我国的生态工业园发展存在园区基础设施落后、能源和资源利用不够集约、环境污染比较严重、园区各类人才缺乏、园区信息资源共享困难、园区制度不够健全、部门之间缺乏沟通协调、园区文化不够浓厚等八大问题。田金平等尤其指出:"现阶段中国的生态工业示范园区……在减少水资源、能源消耗,减少固体废弃物产生和排放等方面仍需努力,特别是固体废弃物的减量化及资源化方面"。(3) 园区排污监管有漏洞。虽然企业基本都集中在园区,园区也绝大部分安装了相关监控设施设备,但废弃物排放仍难以监管,企业偷排的事件也时有发生。例如,2016 年 12 月,长江太仓海事局发现,约 3 万吨垃圾被直接抛入长江,这些垃圾有害物质严重超标,想打捞都非常困难。仅仅时隔一年,2018 年《南方周末》报道长江安徽段又查获近万吨的外省工业垃圾。安徽省警方通过摸排调查发现,在利益的驱使下,产生工业垃圾的江浙企业为了节约成本,通过各种渠道将垃圾运到安徽境内,直接倾倒在偏僻的长江江堤上。2018 年 10 月 19 日,央视网发布消息:日前,长江航运公安局公布一起沿江企业非法偷排污染长江水体案,违法企业埋设暗管,多年来长期向长江主航道偷排污水,对水体造成污染。与此同时,中央环保巡视专员发现,长江边某工业园的污水处理厂将收来的污水不处理,直接渗排,而在安装监控头的排水口则以自来水掺少量污水冒充达标排放。类似这些私装暗管道将工业污水向江湖中心直接偷排的企业不止一家两家,有毒固废千里大转运倾倒在长江边的报道也不止一次两次。不仅难以很快发现污染及其造成的危害,而且找到废弃物排放来源的工作难度极大,成本极高。

这些状况的产生原因是什么?我们推进产业生态化的偏差在哪里呢?有人归结为:对创建生态园区意义认识不够,在短期利益驱动下,企业缺乏节约资源、利用再生资源的意识;建设成本高,无论是在老工业园区上进行改造升级还是新建生态园区,都需要大量的人力、物力、财力的投入;缺乏有效激励机制及考核机制,虽然国家出台政策大力推进生态工业园区建设,但是缺乏相应的强制性手段与激励机制;生态园区系统稳定性不足,生态园区能够形成物质流通闭路循环,但一旦生态工业链上某个节点出现波动,就会导致整个工业链的断裂与循环系统停滞、生态工业技术储备不足,等等。这些可能都是事实,但又似乎不能对从根本上解决存在的问题有明显的指导作用。

面对这样的困境,我们考察之后发现,产业生态化作为一种新型的产业发展模式,虽然目前已经有很多的相关研究成果问世,但还缺乏全面的理论体系。迄今为止,国外没有产业生态化研究,只有产业生态学研究。国内的产业生态化一般都被作为产业生态学的应用实践，研究重点集中在产业生态化的内涵、层次、路径上，推进产业生态化的方法、原则和指标的着力点大多来源于产业生态学，都是通过追求资源节约和资源利用效率，并由此来解决环境污染问题，以及经济与环境的双赢。例如，工业代谢的表征有物质再循环利用率和物质生产率；循环经济理论提出减量化、再利用、再循环等"3R"原则，资源产出率也逐步作为测度评价指标。对产业生态化的评价依据主要是以废物减量化、再利用和资源化为主线，其重点是减少废物产生量。然而，目前技术发展状况对于产生的废物尤其是工业废弃物还做不到全部"吃干榨尽"，我国产业经济体量大，而且增长快，仅仅按照循环经济的思路解决不了日益严峻的环境问题。产业生态化作为一项要从根本上改变传统的产业尤其是工业的发展理念与发展模式的实践，仅有产业生态学这门学科的理论作为指导是远远不够的，必须深度融合相关学科、深刻总结实践经验，准确把握我国国情特点，才能形成能切实推动产业生态化进程的理论、观点和方法。不能期待在没有一个系统理论的指导下就可顺利实现产业生态化的目标。

在产业生态化过程的每一个阶段，都将是既要满足经济发展对于生态的依赖和不能逾越的界限要求，又要满足经济运行自身规律下的目标实现过程。是按照经济规律和资本逻辑发展经济，还是适应生态系统的要求去发展，实际上，这是一个充满矛盾的结局。在现实中我们很容易理解经济发展的过程，增长、发展、收入、利润等经济目标是保障人类生存的基本需要；也很容易理解，在人们争取生存或发展的路上，宁可舍弃经济发展的生态要求也要达到经济目标的种种行为。但是，为了经济发展，不顾生态环境；或者为了达成环保目标搞"一刀切"，影响了经济发展，皆非大道。真正有效的发展，应该是可以执其两端。既要"绿水青山，也要金山银山"。从迄今为止的产业生态化实践来看，仅仅关注和注重解决产业对于生态环境的影响，而很少自觉从生态环境对于产业经济的逆向互动来考察和实践，因而，不能适应"绿色发展"内在要求的结果也是必然的。产业发展活动与其他的人类社会活动一样，是整个地球自然生态系统的一部分，它不仅依赖自然生态系统的平衡和稳定，而且，如果它出了问题，必须把它放在整个自然生态系统中去思考并寻求解决的办法。或者说，走出"绿色发展"之路就必须找到"产业与自然的协调"的基础、切入点和长效机制。

在产业生态化的实践中，一直存在的一个很突出问题，就是产业生态链网的稳定性。这个问题即使在最典型的丹麦卡伦堡生态工业园也逐渐显现。1995 年，凯隆堡（Kalundborg）共生体系中的圣戈班（GyProc）石膏厂在常规分析时发现石膏中大量含钒，这种金属可对人类造成变态反应。最终调查发现原因是阿斯耐斯瓦尔盖（Asnaesvaerket）火电厂使用了一种价格十分低廉的燃料——奥利木松石油。调查人员在这种石油里发现了钒，导致石膏中也发现了钒。结果是阿斯耐斯瓦尔盖火电厂改进其设备，以防止钒累积。此外，丹麦富产天然气，其价格低廉的天然气甚至可以一直输送到瑞典境内。然而为了防止可能出现的竞争，卡伦堡却没有自己的天然气输气管道，那里的居民只能使用 Statoil 炼油厂提供的昂贵的燃气或液化气瓶。正如鲍德温和里奇韦（Baldwin and Ridgway）所说："对卡伦堡而言，技术变化、革新、外部的新压力（如法律的和公众压力，新能源，新材料）、合并和接管等变化都会使整个系统承受显著影响，甚至有可能使系统坍塌。"这还是这些国家经济增长不快的情况，在我国，产业发展无论是规模、形态，还是结构都在迅速变化，那么如何使已经形成的产业生态链网保持韧性进而实现稳定可持续？

对于这些问题的回答，笔者认为，必须改变专注于微观的生产领域，偏重技术方法，忽略产业发展与资源环境及社会发展要求不相吻合的结构性矛盾，从而割裂宏观、中观与微观之间有机联系的偏向，从整体性与系统性角度切入，对产业生态化进行综合考量和系统探析。立足于在区域层面的实践中注重发挥中国特色社会主义的巨大优势，找准产业生态化在我国绿色发展中的确切定位，建立理论框架，并整体规划、战略布局、系统推进。

这里需要说明的是，区域是一个比较复杂的概念，给区域下一个能被普遍接受的定义非常困难。一般而言，区域是以一定的标识来界定和规范的空间，根据不同的研究目的可以选择不同的标识，根据不同的标识可以进行不同的划分。在产业生态化的研究文献中，大多将"区域"定于产业园区这个范围。但实践不断表明，这种限定存在明显的缺陷。因此，本书将所谓的"区域"规定为具有成熟产业的城市这样的中观尺度。

本书从产物代谢出发，在探讨产业生态化微观机理的基础上，提出区域产业生态化是绿色发展的管理的观点，并系统提出产业生态战略管理的概念，研究区域产业生态化的目标体系、动力机制，并深入探讨区域产业生态系统培育、区域产业生态技术体系构建、区域产业生态信息系统、产业生态化的推进体系等推进区域产业生态化的方略。最后，应用这些理论、方法对长江经济带战略，尤其是江西的长江经济带的绿色发展进行一些探索，提出了若干对策和建议。

目 录
CONTENTS

| 第 1 章 |
产业生态化的内在逻辑

　　资源环境问题是与经济发展方式相伴随的，传统的大量生产、大量消费、大量排放的粗放型发展方式，必然结果是资源环境约束加剧。只有实现生产方式的变革，才能从根本上缓解经济增长与资源、环境之间的矛盾，减少资源消耗过度和污染排放问题。我们先从微观过程的分析入手，探讨产业生态化的内在逻辑。

1.1　产业代谢理论

　　20 世纪 80 年代中期，艾尔斯等（Ayres et al.）在对经济运行中原料与能量流动的环境影响研究中提出了产业代谢的概念。1993 年，国际应用系统分析研究所的史迪格安妮和安德伯格（Stigliani and Anderberg）首次采用产业代谢分析方法，从流域层次上对莱茵河流域的镉、铅、锌等重金属和氮磷、林丹等进行了研究。工业代谢是把原材料和能源以及劳动转化为最终产品和废物的所有物理、化学过程的集合。它以环境为最终考察目标，对环境资源追踪其从提炼、加工和生产，直至消费体系后变成废物的整个过程中物质和能量的流向和流量，给出工业系统造成环境污染的总体评价，力求找出污染的主要原因。工业代谢分析方法是基于模拟生物和自然新陈代谢功能的一种系统分析方法，它依据质量守恒定律，以物流（资源、能源）代谢为研究对象，通过分析系统结构变化，进行功能模拟和输入、输出物质流分析来研究工业系统的代谢机理，旨在揭示经济活动纯物质的数量与质量规模，展示构成工业活动的全部物质的（不仅仅是能量的）流动与储存。艾尔斯提出的工业代谢理论认为：工业系统是自然生态系统的一部分，它由生产者、消费者、分解者和非生物环境四个基本部分组成。现代工业生产是一个将原料、能源转化为产品和废物的代谢过程。

产业代谢理论的重点是在污染物产生之后的环境影响分析和废物的资源化利用方面。按照这样的思路指导下的区域产业生态化发展模式，无论是生态工业园还是废弃物交易中心，抑或是虚拟生态产业园区，主要都是以废物减量化、再利用和资源化为主线来规划的，其重点一是减少废物产生量，二是设计和完善以废物为原材料的工业链网。但形成一种情况，那些技术装备比较落后、产生的污染物比较多的地方顺理成章取得较好的效果，而那些新兴的工业园区则由于产业结构比较高端、技术比较先进、产生的污染物比较少，产业生态化反而感到无从下手，造成"污染越重的地方产业生态化越好搞，污染越轻的地方产业生态化越难搞"的怪圈。

鉴于此，21 世纪初，我国科学家段宁等在总结国内外工业代谢理论研究和实践经验的基础上，首次对产业代谢类型进行划分，将产业代谢分为产品代谢和废物代谢，进一步提出产品代谢理论。所谓产品代谢是以产品流为主线的工业代谢类型，即为了提升上一个生产过程中形成的初级产品的经济价值，把上一个工艺或生产过程中形成的初级产品作为原材料输入下一个工艺或生产过程，再次形成初级产品和废物，初级产品再次进入下一个工艺或生产过程，直至以最终产品形式进入市场。这样，在工业系统中就形成了一条或多条产品链/产品流。随着产品链延伸，产品的经济价值也随之增加。以废物流为主线的代谢，称为废物代谢。为了消除上一个工艺或生产过程中产生的废物对环境的影响，提高资源生产率，将上一个工艺或生产过程中产生的废物作为原材料输入下一个工艺或生产过程，再次形成产品和废物，废物作为原材料再次进入下一个工艺或生产过程，直至最终处置、排放。这样在工业系统中就形成了一条废物链/废物流。随着废物链不断延伸，初始输入的原材料的利用率显著提高。

产品代谢强调的是通过提高产品生产的资源利用率和资源生产力，从源头防止污染物的产生，减少产品的环境成本，提高其生态效率，以最少的环境影响创造最多的价值，实现经济和环境的双赢。主要方法是通过提高产品生产过程中的资源和能源利用率及改善产品链来推动产业生态化。运用产品代谢理论对一个特定的工业区域或工业园区的产业结构和产品结构进行分析，揭示其产品流特征，能够为调整和优化区域产业结构，识别、筛选和引进具有补链功能的企业或项目提供理论依据，同时，稳定、高效、柔性的产品链的形成，有利于实现产品升级换代和产品的环境友好性，提高经济增长质量，增强共生企业的国际市场竞争力。

由于产品代谢理论从产品链的角度，强调资源利用率和资源生产力，通过优化产品链来减少废物产生量，降低废物代谢的压力来面对产业活动造成的环境问题，至少有两种情况面临困境：一是在绝大多数工业生产过程中不是构成产品本身的一部分，而又必须使用的物质，如水，既不能算是产品，也不能列为废弃物，而它的排放对环境却影响极大；二是如矿山的开采，尽管目标矿物质的利用率和市场价值很高，但大量的尾矿即使只有含量极低的有毒成分，所产生的对水体及土壤的污染也是巨大而持久的。

总之，产业代谢理论着重于工业废物的资源化，更多的是作为物质再循环利用的分析工具来运用，而产品代谢理论则通过完善产品链条，实现资源的充分利用，从而减少环境污染。

1.2 产业生态化的微观机理

在产业代谢的概念中，以原生资源或经加工资源作为原辅材料经人工或自然生产过程产生出来的物质，包括产物和副产物。其中，如果产物进入下一个生产过程，则又成为原辅材料，只有成为进入市场的目标产物才称作产品；副产物进入下一个生产过程的又成为原辅材料，最终需要处置、排放的副产物称为废弃物。在生态规律和经济规律的双重制约下，物质在产业系统的迁移、转化过程，形成产业系统的产物代谢过程，如图 1-1所示。

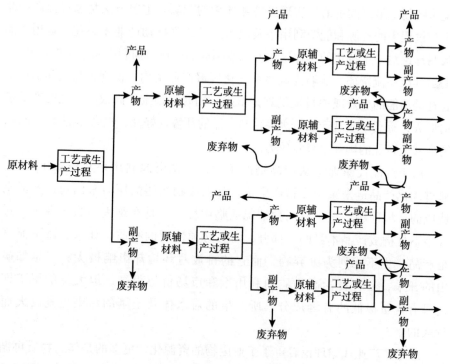

图 1-1 产物代谢的一般模式

产业过程实质上是将输入的每一个生产过程的原辅材料、能源以及劳动转变成产物（目标产物）和副产物（非目标产物）的代谢过程。传统产业的代谢过程将原辅材料转变为产物和废物后，将非目标产物的副产物直接作为废弃物排放到环境之中，既造成资源浪费，又导致环境污染；而生态化的产业则是把上一个生产过程输出的产物和副产物都分别作为下一个生产过程的原材料，最终获得实现了初级产物增值的产品，并且废弃物资源化，提高了资源效率，减少了环境影响。客观上，产业生态系统中的产物代谢存在两种代谢类型，即产品代谢和废弃物代谢。

产品代谢指以产物流为主线的产物代谢类型，即为了提升上一个工艺或生产过程中形成的产物的经济价值，或者它本身就是下一个生产过程的原辅材料，把这样的产物作为下一个生产过程的原辅材料，直至形成价值增值并进入市场的产品。这样，产业生态系统中就形成一条或多条产品链，如图 1-2 所示。

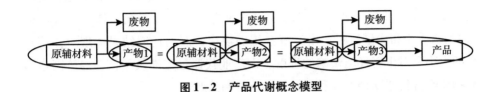

图 1-2 产品代谢概念模型

废弃物代谢指以副产物流为主线的产物代谢类型，即把上一个生产过程
（或企业）中所产生的废物作为下一个生产过程（或企业）的原辅材料，循
环、梯级利用直至最终成为废弃物进行处置、排放。这样，产业生态系统中
就形成了一条废弃物链，如图 1-3 所示。

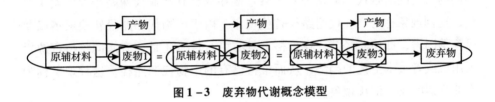

图 1-3 废弃物代谢概念模型

产业代谢的本质就是在一定的稳态条件下，覆盖原料投入、能源投入、
劳动投入，生产最终产品和废弃物的物理过程的集合。经济系统本质上是一
个代谢管理机制。经济系统的生产和消费过程的稳定并不是脱离周围环境的
自我调节过程，而是需要通过人的作用实现。

现行的产业系统被看作是一个嵌入产业—生态—社会复合系统的开放子
系统。在稳定状态下，产业系统与生态系统一样是一个远离热力学平衡的耗
散系统，整个产业过程通过劳动将原料和能量转化产物和副产物并最终转化
为产品和废弃物，这与生态系统的物质代谢过程相类似。产业系统组织和功
能的实现依赖于与周围自然环境之间的交换关系，即依赖于产业系统"代
谢"过程。产物代谢即指在生态规律和经济规律等双重制约因素下产业系统
的代谢过程。

产业代谢主要涉及三个方面的问题：（1）有多少物质进出产业系统；
（2）有多少产品和废弃物输出产业系统；（3）这些物质是如何流动的，即影

响物质流动的因素和作用机理是什么。其分别可以看作是产业代谢规模的研究，也就是与生态系统承载力匹配的产物代谢规模的核算与分析问题、对产物代谢结果的研究、对产物代谢过程的研究。产业代谢规模体现了资源流（包括物质流和能量流）进出经济系统的规模，产物代谢结果体现对经济贡献的大小和对生态环境影响的程度，而产业代谢过程涉及了社会经济因素影响物质经济代谢路径变动和选择的影响机制问题。

同一物质在产业系统中的利用模式并不是单一的。这种不同利用模式就可能导致不同的产物代谢归宿。考虑到进入产业系统的物质多样性，相应的物质经代谢路径组成了错综复杂的网络系统，产物代谢路径演化可拓展为产物代谢网络演化。由于产业系统的有限规模客观存在，产业系统会通过技术进步、信息供给、制度供给来改善已有的代谢网络，从而在代谢路径上发生不同物质之间的替代，而这种替代会直接导致已有产业代谢路径模式发生变化，这种现象称为产业代谢路径替代现象。由于产物代谢路径转换成本以及风险等因素，即使路径替代在价格上具有可行性，还是会有倾向维持资源投入组成或者技术工艺的趋势，从而维持已有的产物代谢路径，这种现象称为产业代谢的路径依赖现象。

以上产业代谢的模型显示，节约资源同时也是保护环境，但由于产物代谢或副产物代谢的途径不是一条而可以是多条，因此资源节约并不必然自动实现环境保护。我们只要略做分析，就不难理解其原因。

第一，在市场经济条件下，企业追求的是货币效益最大化，或成本最小化。作为使用价值的物质资源是否节约，对于企业的成本效益没有必然的实际意义。只有资源节约与企业成本最小化或效益最大化目标相一致时，企业才会节约使用资源。如果实物资源节约降低了企业的货币效益，企业就不会追求实物资源的节约。如果把产业生态化的目标锁定为以节约资源为导向，那么企业很可能在生产过程的各个环节采用资源消耗少（成本最小化）但污染严重的技术途径，从而加剧环境污染。

第二，企业仅仅以资源节约为目标循环利用废弃物时，就有可能只循环利用废弃物中回收成本低、市场价值大的部分，而对那些回收成本高、市场价值小的部分就会置之不理，任其排放到环境之中。

第三，如果价格不能真实反映物质资源的稀缺程度，短缺资源或在使用过程中对环境污染很严重的资源市场价格很低，节约和循环利用这些资源在企业财务核算中就没有经济意义。尽管从环境保护角度看需要节约使用这类资源，但如果环境可以免费使用，企业就没有经济动力节约这类资源。因为，环境对于企业来说是外部性问题。

上述三点原因说明，资源节约仅仅是环境保护的必要条件，而不是充分条件。相反，如果把产业生态化目标锁定于保护环境则必然会促进节约使用资源。

我们假设：首先，资源是有价值的，企业获得资源需要支付成本；其次，企业是"理性经济人"的化身，它追求成本最小化；最后，企业必须严格执行国家法律，违法的成本极高。在上述三个假设下，只要国家从制度上设立市场经济的环境使用条件，地方严格制定并执行环境保护法，禁止向环境排放有害废弃物，必须排放时，必须先进行无害化处理并有偿排放，那么，对于企业而言，只要排放废弃物就要支付很高的成本。减少资源消耗就是减少废弃物产生，就会减少购买资源的成本和减少处理废弃物与排放废弃物的成本。如果不排放废弃物或循环利用废弃物比无害化处理后再排放，或比排放后再治理更为有效而经济，那么，企业就会循环利用废弃物，而不是进行无害化处理后再排放；如果节约资源少产生废弃物，比产生废弃物后再循环利用更为经济有效，那么，企业将采取节约资源少产生废弃物的技术路径。只要环境保护政策严格到一定程度，必然迫使每个排放废弃物的资源消耗者按照成本最小化原则减少资源消耗。按此逻辑推理，我们只需要制定并严格执行环境保护标准，严格控制废弃物排放，资源节约就是顺理成章的结果。实践中存在浪费资源，企业却坚持为之的活动，其背后一定隐藏着价格扭曲，使浪费资源具有更高的经济收益，或更小成本的因素。上述分析表明，只要从末端把住废弃物输出这一关口，使废弃物排放具有足够高的成本，任何"理性经济人"都会用最经济的手段，实现废弃物排放最小化，也就是环境保护的成本最小化，而不会引起资源浪费。从这一角度来说，完善的环境保护法律和政策，严格废弃物排放标准，提高排放成本，是资源节约的必要与充分条件。问题的关键是排放废弃物的成本有多高，如果排放废弃物的成本足够高，那么，节约资源和循环利用废弃物就成为企业节约废弃物排放成本的必然选择。

1.3 产业生态化相关指数的导出

根据产业代谢的微观过程模型，我们可以导出以下相关指数。

1.3.1 资源利用率

在产业代谢的全过程中，作为原辅材料投入的实物资源等于所有的产品、产物、副产物和废弃物之和：

$$原辅材料 + \sum 原辅材料' = \sum 产品 + \sum 产物 + \sum 副产物 + \sum 废弃物 \qquad (1-1)$$

而在稳定形成的产业代谢链条中，$\sum$ 产物和 $\sum$ 副产物都成为原辅材料：

$$\sum 原辅材料' = \sum 产物 + \sum 副产物 \qquad (1-2)$$

于是，最终结果是：

$$原辅材料 = \sum 产品 + \sum 废弃物 \qquad (1-3)$$

也就是说，最起始投入的全部实物资源最终全都体现为产品和废弃物，产品的总量越大，废弃物就越小。资源利用率可定义为：

$$资源利用率 = \frac{产品总量}{投入资源总量} \times 100\% \qquad (1-4)$$

说明：

①资源废弃率 $= \dfrac{废弃物总量}{投入资源总量} \times 100\% = 1 - 资源利用率$。

②对生产企业来说，只要产物或副产物以规范的方式交付给市场或用户就记作产品。例如，按规范输送到污水处理厂的工业废水应计入产品量，而不计入废弃物量。

③废弃物处理企业所收集的废弃物算作资源，作无害化处理的部分在全部废弃物资源总量中扣除。回收加工的部分为产品。

④煤炭等能源物质则依据总量按成分分析结果计算出硫、粉煤灰和二氧

化碳等的理论量替代"投入资源总量",实际回收利用量为"产品量"。

显然,与资源循环利用率关注资源是否循环利用以及循环利用效果不同,资源利用率关注的是利用的最终结果,至于是否循环,抑或是否多级循环则看作企业自主的选择。无疑,这个指标除了体现资源的利用程度之外,更重要的是同时体现对环境影响的程度,因为越多的物质被利用,就会有越少的物质耗散到环境中去。这意味着对环境的影响不从排放的废弃物来测算,而是根据资源的总投入与总的实物产出的差值来估算。之所以如此,是因为尽管从排放的废弃物来评价,表面上似乎会更准确,但在环境管理的实践上,则存在漏洞,防不胜防。而从资源的利用率来逆推企业可能产生的废弃物的性质和重量,针对不同的生产企业,选择不同的核查对象资源,就很容易真实有效地监控企业的环境行为,迫使企业真正地千方百计去提高资源利用率。同时,更便于做到对废弃物的最终处理的监控。例如,对一个排放废水的企业,可以对其进水总量实施监控计量,减去正常耗水,就应该是其排放的大致水量。如果排水口监控的水量出现明显的偏离,就必须质询其是否偷排,或是否以自然水冲兑污水使之冒充达标排放。即使确实存在其他客观原因,企业也应有"辩方举证"的责任。可见,对一个区域来说,利用资源利用率这个指标,同时辅之以现代化的监控技术手段,可以为区域层面对产业生态化最重要的实施主体——企业实施有效的环保监管,形成强有力的"倒逼"机制,从而更加有效地推动产业生态化进程。

1.3.2 资源产出率

下面我们从价值量的角度考察一下区域产业生态化的过程。设进入区域产业系统的物质资源量的采购总值为 Y,又设在区域内经过 n 级产业链加工,则最终产出的价值量为 $Y + y_1 + y_2 + \cdots + y_n$,亦即总产值,如图 1-4 所示。

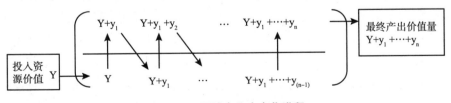

图 1-4 区域产业生态化进程

这里实物资源指初次进入本区域产业系统的全部物质，亦即投入资源价值 Y 为投入资源的采购总值，

最终产出价值量（$Y + y_1 + y_2 + \cdots + y_n$）即为总产值，

（$Y + y_1 + y_2 + \cdots + y_n$）$- Y = y_1 + y_2 + \cdots + y_n$。（$y_1 + y_2 + \cdots + y_n$）即产业增加值。于是有：

$$\text{资源产出率} = \frac{(Y + y_1 + y_2 + \cdots + y_n) - Y}{Y}$$

$$= \frac{y_1 + y_2 + \cdots + y_n}{Y} \qquad (1-5)$$

$$= \frac{\text{产业增加值}}{\text{投入资源采购总值}}$$

我们知道，资源产出率是科学评价资源利用效率与强度的综合性指标，其内涵是工业生产及经济活动中对自然资源的利用所带来的产值效率。资源产出率的提高综合反映了通过减量、再利用、循环，使各种资源利用效率提高的整体成效，被认为是产业生态化的合适测度。现行的资源产出率是指主要物质资源当量的单位投入所产出的经济量。我国对资源产出率的定义为主要资源单位消耗量（包括主要能源资源、主要矿产资源、木材和工业用粮）所产出的地区生产总值：资源产出率 = 地区生产总值（亿元不变价）/资源消耗量（万吨标煤）。资源产出率在区域层面的核算，尤其是地市级区域层面的核算，是很大的难点：①理论层面，根据经济系统物质流理论，国家系统边界的物质进出有海关统计的详细数据，使国家层面资源产出率的核算相对容易；而区域系统边界的物质进出数据则很难获取，使其难以直接应用国家层面成熟的核算框架。具体来说，虽然"经济产出价值量"可以利用该区域的工业增加值来衡量，而"物质资源利用实物量"的获取则极为烦琐和困难。基于经济系统物质流理论中的物质代谢过程，物质资源在经济系统的流动一般包括开采、初加工、精加工、消费、废弃这5个过程，涉及的资源种类包括一次资源、二次资源、最终产品和废弃物4类。加工的链条越长，产生的产品种类就越丰富，核算难度也就越大。理论上物质流的核算需要考虑整个链条的产品，并按照成分将其全部折算回一次资源。但是在实际核算过程中，穷尽产业链的方法在操作性上并不可行，而且将产业链上不同层级的资源全部折算回一次资源，在系数处理方面难度较大。

②实践层面，各地级城市无论在规模、发达程度还是产业结构上差异都很大，一套统一的城市级区域资源产出率核算方法能否保证区域间的公平性，是一个必须面对的问题。所以实际上到目前为止，现行的资源产出率核算仍然仅仅具有学术研究的价值，需要构建适用于科学可行的区域层面的资源产出率的新方法。

而以"投入资源采购总值"取代"物质资源总量"，则完全可突破这些难题。因为"投入资源采购总值"的获取对于一个企业来说可以直接获取；对一个区域来说，可用各企业在本区域产业系统外购置原辅材料的费用加和获得。这样就很方便地使"资源产出率"能够适于指导实际工作，而不是仅仅只有学术研究价值。

另外，由于产物链或副产物链的多级性和复杂性，以投入资源采购值取代重量，可以清楚地反映 y_1，y_2，…，y_n 这些产业链相继链节上的增值，故比较清晰地显示价值流的轨迹，有助于促进资源的高强度、高循环、高价值利用。在这个过程中，也易于发现各类资源，尤其自然资源和废物资源的价格扭曲，有助于资源的科学定价与管理。

再有，以初级资源、半成品还是二次资源作为原辅材料，其投入的重量和单位价值大不相同，以产业增加值与资源采购值之间的比值来考察产业结构不同、产业发展基础不在同一层面的不同区域之间比较可以较为公平，尤其对于经济相对滞后的区域在产业生态化方面的努力和贡献有一个相对客观公平的结果。

1.3.3 产业生态化水平指数

资源利用率可应用于加强生态环境的保护与管理，而资源产出率则主要可以反映产业的经济贡献，环境保护与经济发展的协调与双赢实质上就是落脚在资源的充分和高效的利用上。在资源利用率和资源产出率两个指标的基础上，我们可以用产业生态化水平指数来刻画区域产业经济贡献的环境代价：

$$产业生态化水平指数 = \frac{产业经济贡献}{环境代价}$$

$$= \frac{产业增加值}{废弃物排放量}$$

$$= \frac{产业增加值/投入资源采购总值}{废弃物排放量/投入资源总量} \qquad (1-6)$$

$$= \frac{资源产出率（\%）}{资源废弃率（\%）}$$

而又因为：

$$废弃物排放量 = 投入资源总量 - 产品总量 \qquad (1-7)$$

所以：

$$资源废弃率 = \frac{投入资源总量 - 产品总量}{投入资源总量} = 1 - 资源利用率 \qquad (1-8)$$

于是得到：

$$产业生态化水平指数（无量纲） = \frac{资源产出率（\%）}{1 - 资源利用率（\%）} \qquad (1-9)$$

该指数越大，说明产业生态化推进越好。当资源利用率接近甚至达到100%时，意味着该区域经济发展与环境损害已实现"脱钩"。

1.4　产业生态化的运行规律

基于上述的微观机理分析，我们可以归纳出实现产业生态化运行遵循的以下三条基本规律。

1.4.1　产业—生态相互作用规律

自然资源和生态环境是产业发展的前提与基础，产业经济发展目标的实现，是依靠自然资源和生态环境提供物质能量和生态环境基础的。没有这一基础，产业经济将不复存在。生态环境保护也离不开经济发展的支撑，良好的生态保护只有在良好的经济发展势头和健全的经济市场结构和制度下才能实现。反之，不仅不能对生态环境和自然资源实现良好的保护，反而会产生环境污染和资源浪费，乃至失衡状况产生。因为只有经济良性发展，才可为生态环境保护提供必要的资金和技术支持，从而更有效率地促进生态环境保护。但是，当产业粗放式发展危害到生态环境时，则又会形成经济发展的"瓶颈"，阻碍经济发展，影响人民生活和社会稳定。

产业生态化的目标是实现经济持续发展、资源消耗降低、保护生态环境，但要达到这些目标，已经形成的思路是通过资源节约和循环利用，以此降低向环境的废弃物排放，减少对环境的损害，同时促进经济发展。从区域看，影响产业生态化的因素主要有：①区域生态承载力。人类以及各动物的生存发展必须依赖于各种自然资源，所以资源承载力是生态承载力的基础条件。自然资源的开发利用必然会引起环境的变化，人类在消耗资源的同时必然会排出大量废物，而环境对废物的容纳量是有限的，人类排放的各种废物不可超过环境的自净能力，也即须维持在环境的自净容量允许范围内，所以环境承载力是生态承载力的约束条件。生态脆弱、敏感的区域对于产物代谢的类型具有更多的限制。②技术水平。无论是产品代谢链还是废物代谢链，要提升资源的产出率，或提高资源利用率，都需要突破链条向纵深延伸的技术障碍，否则只能是停留在理想中。产业生态化的实践目的是提高资源利用率、提高经济发展质量，实现经济与生态的和谐。这种高水平的发展必须以高质量的科学技术作支撑。③产业布局。区域内原有产业的布局、产业与市场的结合程度以及其企业的规模等因素直接影响到产品代谢链条和废物代谢链条的构建与运作。④共生机制。产业共生是指产业系统中不同企业之间的合作关系，通过这种合作，共同提高企业的生存能力，并实现资源高效利用和环境保护。共生企业之间通过物流交换形成的企业与企业之间、产业生态链与产业生态链之间复杂联系的产业生态网络。产物代谢链要靠链上众多企业的共同努力来获得整体效益，这涉及企业间的分工与合作，以及利益分配等问题。也就是说，可以共生的企业之间并不一定就能形成稳定的代谢链，共生机制是否良好关系到产物代谢链运作的成败。⑤支撑环境。法制法规、监管机制、政策导向、激励机制、资金保障、市场环境、地方文化伦理等外部支撑环境是产物代谢良好运行不可或缺的条件。

由于产业代谢途径的多样性，资源的节约和循环利用并不一定就能保证减轻或消除对环境的损害，而从产业代谢的模式中显示，坚决控制好废弃物的产生与排放，必定能迫使产业经济微观主体提高资源的利用率和资源的产出率。之所以如此，是因为毕竟自然生态系统与人类行为系统不一样，从根本上看，所有的人类行为系统，都是在自然生态系统之中的子系统，只有适应整体系统的自我调节，人类行为系统才可能长久存在。如果把产业生态化看作是一个外在于自然生态大系统的人的模仿，还是无法真正摆脱自身发展的约束，因为这种模仿是在自然与人为联系断开的链条中展开的，缺乏像自然生态系统那样的自我调节机制。自然生态系统的生命力主要来自一种保持自身平衡状态的机制，这种平衡状态是依靠自然生态系统中自身反馈机制来实现的。反馈机制反映了系统内所有要素之间的相互依赖和相互作用及适应过程，所有要素存在的可能性均来自自身对其他要素的有限性，这一点与人工的模仿系统大不相同。产业生态化中应有的反馈机制，并不包含人类经济行为的要素会因为自然生态系统中某个要素的变化而主动适应其变化反过来产生影响，最终趋于系统的平衡必然性。因为，人类行为除了有自然的生存渴望外，还有着非自然的贪婪动机，甚至是强烈的主体性的自以为是、超越自然甚至是反自然的动机。有部分市场主体怀有机会主义的思想、"搭便车"的思想，甚至是非法生产和占有的思想，不但不实施产业生态化，还在生产和消费活动的过程中，污染环境，对其他主体造成损害，甚至为追求更多利润或利差，放任这种损害的产生与蔓延。显然，产业生态化不是简单的产业发展模式能否成功模仿自然生态系统的问题，而是如何把产业发展看作是自然生态系统中的一部分，并且，能否在自然生态系统中参与自然生态的自我调节和发展自己的问题。换句话说，以保护生态环境为抓手，才可以真正实现经济、资源、环境三者相互协调。

1.4.2　系统整体必须增值规律

产业代谢的本质就是在一定的稳态条件下，覆盖原料投入、能源投入、劳动投入，生产最终产品和废弃物的物理过程的集合。经济系统生产和消费过程的稳定并不是脱离周围环境的自我调节过程，而是需要通过人的作用而实现的。人在这个过程中有两个重要的作用：其一是作为劳动力资源投入；其二是实现经济系统的消费功能。经济系统通过价格机制来实现产品市场和劳动力市场的供需平衡。因此,从本质上看,经济系统是一个具有代谢调控特点的管理机制,与生物物质代谢比,只不过传递信息的媒介变成了价格。产业生态化是指在自然系统承载能力内,对特定区域空间内产业、生态与社会系统之间进行紧密融合、协调优化,达到充分利用资源,消除环境破坏,协调自然、社会与经济的可持续发展;生态产业化是指依据生态服务和公共产品等理论,将生态环境资源作为特殊资本来运营,实现保值增值,按照社会化生产、市场化经营的方式,将生态服务由无偿享用的资源转变为有价值商品和服务。不论产业生态化采取何种模式、何种途径,由于何种原因,产业系统能够稳定运行的最起码的条件是在总体上要有增值,否则就持续不下去。例如,某石化厂炼油尾气排放量大,其中硫化物污染严重,以目前最好的技术工艺水平,实施回收单质硫产品的生产都会亏本,但由于该企业总体效益很好,实现了增值,因此才能坚持生产。若单质硫的回收生产不是石化厂整体系统的构成部分,那么就必须或者开发出成本更低的技术生产工艺,或者开发出市场价值更高的硫产品,实现增值目标,才可保证该产业系统的存在与稳定。

1.4.3 代谢路径自主择优规律

产业生态化的本质并不是单纯求得生态环境保护,而是寻找经济发展与生态环境之间的平衡,这需要克服传统模式下产业发展上的诸多问题,探索产业生态化发展的新思路。目前产业生态化的实践路径主要有三个:建设生态产业园区、建立区域废物交换网络以及构建虚拟的产业共生网络系统。这些路径实质上主要是模仿自然生态系统的物质、能量流动方式与利用方式。但仅仅局限于模仿的路径肯定不足以适应丰富复杂的产业发展与变化。产业系统的物质流不但受到生态因素的影响,而且也受到市场体系中的微观主体经济行为等经济因素的影响,生态规律和经济规律的双重制约决定了产业系统的物质流流动。与自然生态系统相比,产业系统的代谢过程在遵循代谢的生态特性基础上,取决于其所属产业系统的结构特征、运行机制和运行模式。产业生态化的路径优选实质上就是产物代谢过程的选择与优化,也就是通过分析产业系统中不同企业之间形成的产品链关系,找出整个产品链存在的问题和产品链上薄弱、断裂或者不合理的环节，以及副产物的资源化利用途径，为区域产业选择最佳的发展模式，提高资源的利用效率，实现产业与环境的和谐与平衡。

产业系统代谢规模和过程的改变不单纯是技术问题和任务，它还蕴含着更重要而又深远的社会经济、历史的变化，要深刻理解代谢背后的系统思维方式。经济系统整体不但在自然生态环境中，也是在社会经济大环境中。从系统科学角度看，如果不改变系统的组成、运行机制或模式，就不可能改变系统的产出（如废弃物）。为使经济系统的物质流动规模和过程与生态环境相协调，可以通过技术进步、信息供给、制度供给来改善已有的代谢网络，这就可能会使代谢路径上发生不同物质之间的替代，而这种替代直接会导致物质经济代谢路径模式发生变化。当然，由于产物代谢路径转换成本以及风险等因素，即使路径替代在价格上具有可行性，还是会有倾向维持资源投入组成或者技术工艺的趋势，从而维持已有的产物代谢路径。这种路径依赖现象的克服也是推进产业生态化的内容。

1.5 小　结

产业生态化的规律告诉我们：推进产业生态化，实现产业与环境和谐共生，实质上就是在严格控制产业发展对生态环境影响的边界的前提下，通过产业发展路径的优化、产业发展"瓶颈"的突破、产业资源的调整，达到产业经济效益的最大化。这样一来，让一个使人困惑的产业生态化的属性问题似乎有了答案：产业生态化的过程实质上是管理的过程。因为管理就是指一定组织中的管理者，通过实施计划、组织、领导、协调、控制等职能来协调他人的活动，使别人同自己一起实现既定目标的活动过程。

|第 2 章|
产业生态战略管理理论

2.1 产业生态战略管理的提出

　　绿色发展是以效率、和谐、持续为目标的经济增长和社会发展方式。就其要义来讲，是要解决好人与自然和谐共生问题，是可持续发展理论的深化与完善。践行绿色发展的理念，实现绿色发展的模式，不可能一蹴而就，也不可能轻而易举，需要通过科学的规划、周密的部署、有力的措施、扎实的行动。无疑，绿色发展的过程也是管理的过程。绿色发展需要有一个非常有效的管理体系。历史与现实表明，环境与发展不协调的许多问题是由于决策与管理的不当造成的。因此，提高决策与管理能力就构成了绿色发展能力建设的重要内容。绿色发展的管理需要综合运用规划、法制、行政、经济等手段，建立和完善可持续发展的组织结构，形成综合决策与协调管理的机制。那么，产业生态化又是如何体现为绿色发展的管理呢？

　　第一，产业生态化是实现绿色发展目标的路径。产业生态化是指产业自然生态有机循环机理，在自然系统承载能力内，对特定地域空间内产业系统、自然系统与社会系统之间进行耦合优化，达到充分利用资源，消除环境破坏，协调自然、社会与经济的持续发展。实施产业生态化要求我们在生产中大力推广资源节约型生产技术，建立资源节约型的产业结构体系，减少对环境资源的破坏，倡导绿色环保消费。产业生态思想借鉴的是生态系统中的一体化模式，它不是考虑单一部门与一个过程的物质循环与资源利用效率，而是一种系统地解决产业活动与资源、环境关系的研究视角，为绿色发展提供了实现目标的路径和手段。

第二，产业生态化提供了绿色发展管理的基本构架。产业生态化的核心是产业生态系统。产业生态系统由经济子系统、社会子系统和自然子系统耦合而成，被资源、环境、人口、资本、科技和信息六大组成要素支配，具有生产、消费、供给、还原、调控和缓冲六大功能，属于典型的复合生态系统。产业生态系统实质上构成了绿色发展管理的组织体系，其运行的状态决定着绿色发展的水平与质量。

第三，产业生态化使绿色发展的管理流程清晰化。产业生态系统是一个由制造业企业和服务业企业组成的群落，是依据生态系统能量转换和物质循环的原理、基于生态系统承载能力、具有高效的经济过程及和谐生态功能的网络化生态经济系统。它以系统解决产业活动与资源、环境之间的关系为研究视角，在协同环境质量和经济效益的基础上，利用产业结构功能优化实现产业整体效益的最大化。具体来说，在产业生态系统的构建过程中，不可避免地要淘汰那些陈旧设备，高物耗、高能耗、污染严重的产业部门和环境负效应严重的产品。在现代社会工农业生产中大力倡导采用高效、低耗、环境污染小、经济效益高的技术，积极调整产业结构，不断地探索既有利于保护环境又能提高企业效益的经营管理模式。在此过程中，不仅需要作出长远规划和各种决策，而且要调配资源、有序推进，防错纠偏，把控全局，使绿色发展的理念转化为具体的管理行为和管理成效。

需要特别提出，作为绿色发展的管理，对象是整个产业系统，由于产业系统具有以下一些显著特性，使这种管理不同于现行的一般管理类别。

（1）系统性。从产业系统的特征来看，除了具有一般系统所具备的整体性、层次性、结构性、功能性等之外，还具备生态系统的一般特征，即生态关联性。世界上不存在孤立的事物，任何事物都生存在世界的普遍联系之中。产业系统中的各种要素也一样，是普遍联系和相互作用的，系统中各个产业影响制约相关产业，又同时受到其他产业的影响和制约。"一切事物与一切事物有关"是生态学最重要的规律，生态学研究一切事物与其他事物的关系。无论从区域来看还是从要素之间的关系来看，产业系统都是一个具有整体关联性的系统,其身体关联性具体表现在以下三个方面:第一,产业系统与自然系统以及社会系统的关联。产业作为经济、自然、社会大系统中的一个层次,它与社会政治、经济、科技、文化等一样,都是人类社会系统中的子系统,产业以外的社会因素及自然因素都可称为与产业发展息息相关的环境。按照生态学观点,任何生态因子总要与周围环境处于不断的相互交换之中。产业与自然及社会无疑存在着物质、能量和信息的交换。产业与其之间是一种相互作用、相互适应的关系,自然及社会环境的变化会对产业系统产生影响,并制约着其内部结构的变化。第二,各产业之间及产业个体的生态关联。美国经济学家里昂惕夫认为,在产业系统中,各产业之间存在广泛的、复杂的和密切的技术经济联系,而且每个产业都处于由位于同一层级的产业共同组成的某一相对的系统之中,其中任何一个产业都不可能随便脱离其他产业而无限制地发展。另外,系统中的核心要素产业个体为了生存与发展,相互间也存在着各种竞争、共生、合作的生态关系,它们彼此作用、协同进化。第三,区域产业之间的生态关联。首先,空间离散的产业链环由于产业之间存在的耦合关联,迫使要素和价值跨区域流动和传递,要求区域产业之间进行产业合作,形成了区域产业关联的基础。其次,随着市场经济的发展及交通的日益便利,国内市场一体化趋势不可逆转,区域间的竞争与合作导致彼此产业的各种生产要素、产品和服务交流日益频繁,区域产业经济联系也日益紧密,从而形成了区域产业经济的相互依赖和相互作用。

(2)复杂性。从宏观看,产业系统是一个人工建构的生态系统,它属于社会生态系统里的生态经济子系统。从产业结构来看,不同形式的产业按照社会发展的需求和自身禀赋要素能力合理分工,各自在整个产业系统中占据不同的生态位,以一定的比例关系和组织方式保持协同进化;从某一产业的内部环境来看,其行业规模和组织结构、资源条件、行业规则等产业生态要素共同构成产业个体的生态情境,影响产业个体的运行,而产业个体的行为模式又改变着现实的行业环境,影响其他个体的成长与发育;从整个产业系统与外部环境关系来看,它不断地与政治、文化、科技、自然等外界环境因子进行物质、能量和信息交换。一方面,它从外部环境中不断吸收物质、能量、信息等发展要素,用以保证系统的正常运行;另一方面,它为社会不断输出新产品与新服务,满足人们日益提高的物质文化需求。由此可见,产业系统和自然生态系统之间有着一致的质态属性和相似的内在运行机理。它除了具有一般系统所具备的整体性、关联性、层次性等特性外，还具有自然生态系统所具备的生态适应性、生态平衡性、生态协同性、输入输出的开放性等生态属性。正是产业系统这种生态属性决定了产业发展应该遵循生态化发展规律，必须走生态化发展的道路。

（3）全局性。产业生态化不纯粹是经济问题，重点也不是技术问题，而是人类的发展理念改变和自然与社会的综合性问题。如果说，产业生态化是一个可持续的循环发展过程，那么在它的起点上，即资源上就有有限的、减量的开始，在利用和消费上就有节约和生态环保的过程，在废物上就有再利用和循环的结果，最终的废弃物也有妥善处理的问题。这样，产业生态化才能把产业发展置身于自然生态系统之中，完成产业的发展如同在自然生态系统的平衡状态一样，物质和能量在其中循环、流动，被多层次、反复地充分利用各种资源，又通过产业链互相依存、互相制约，实现一个高效的产业生态系统。

（4）动态性。动态性原理是系统原理要点之一。系统作为一个运动着的有机体，其稳定状态是相对的，运动状态则是绝对的。系统不仅作为一个功能实体而存在，而且作为一种运动而存在。系统内部的联系就是一种运动，系统与环境的相互作用也是一种运动。系统的功能是时间的函数，因为不论是系统要素的状态和功能，还是环境的状态或联系的状态都是在变化的。运动是系统的生命。产业是社会经济系统中的子系统，为了适应外部社会经济系统的需要，必须不断地完善和改变自己的功能，而企业内部各子系统的功能及其相互关系也必须随之相应地发展变化。企业系统就是在这种不断变化的动态过程中生存和发展，企业的产品结构、工艺过程、生产组织、管理机构、规章制度、经营方针、管理方法等都具有很强的时限性。另外，由于经济系统中的微观主体——企业具有自组织的特性，因此与生物学中的有机体具有一定的类似性。但两者之间的差异也是比较明显的，因为企业要不断地调整自身的产品输出结构来适应瞬息万变的市场情况，企业代谢行为不是稳定不变的。

可见，产业生态化是一个既与一般企业的战略管理又与一般的政府管理有相同或相似，又有显著不同的要求和特征的管理过程。为此，笔者特提出产业生态战略管理这一概念。

2.2　产业生态战略管理的含义

产业生态战略管理是战略管理的深化和应用，也是产业生态化的实际操作层面的行为。所谓战略管理是指对一个企业或组织在一定时期的全局的、长远的发展方向、目标、任务和政策，以及资源调配做出的决策和管理艺术；战略管理是企业确定其使命，根据组织外部环境和内部条件设定企业的战略目标，为保证目标的正确落实和实现进度谋划，并依靠企业内部能力将这种谋划和决策付诸实施，以及在实施过程中进行控制的一个动态管理过程。产业生态战略管理则是一个地方对区域内实现产业发展与生态环境和谐共生所确定的目标、任务、措施以及控制的动态管理过程。换句话说，产业生态战略管理就是产业生态化的实施过程。

对于一个区域来说，产业生态战略管理需要面对四个问题：第一，区域的产业生态化要达到的是怎样的目标？第二，区域产业生态化的重点领域及关键环节是什么？第三，实现产业生态化需要具备或者提升哪些能力？第四，如何才能激发推进产业生态化的内在动力？回答这四个问题即分别解决区域产业生态化的发展方向、发展路径、发展能力和内在动力。如果这四个问题都能有效解决，那么产业生态化的发展问题就能得到系统的、有效的解决。

产业生态战略管理包含四个关键要素：战略分析——了解组织所处的环境和相对竞争地位；战略选择——战略制定、评价和选择；战略实施——采取措施发挥战略作用；战略评价和调整——检验战略的有效性。或者说，战略管理是由环境分析、战略制定、战略实施、战略控制等四个不同阶段组成的动态过程，这一过程是不断重复、不断更新的。理论上通常都是按上述的顺序对产业生态战略管理进行分步研究。但是，在实际应用中，这几个步骤往往是同时发生的，或是按着不同于上述步骤进行的。这要求必须创造性的设计、应用战略管理系统，并且，这一系统应该有足够的弹性以适应区域产业所面临的、时刻变化着的外部环境。这一动态过程理论上称为战略管理过程。产业生态战略管理不是一个给定的过程，而是一个需要发起、培育并且偶尔需要修改的过程，而且是不断进行的过程。其还是战略分析、战略选择、战略实施及战略评价与控制等环节相互联系、循环反复、不断完善的一个动态管理过程。

2.3　产业生态战略管理的对象

产业生态战略管理的对象是区域产业生态系统。区域产业生态系统的组成包括利用基本环境要素生产出初级产品的农、林和矿业等行业，也包括利用初级产品进行深加工的化工、机械制造、食品和服装等行业，以及专门回收和利用产业活动的残余物（废水、废气、固废和废热）企业。区域产业生态系统环境包括自然环境和社会环境，自然环境包括水、土壤、大气等，社会环境包括社会经济制度、人口、经济水平等。产业组织与环境相互作用，构成了一个具有整体性、生态性、层次性、开放性和动态性的区域生态系统。因此，广义的区域产业生态系统包括企业、产业园区、区域和区际四重空间，而狭义的仅指较高层次的行政区域或地理分布区内的产业生态系统。

产业生态系统往往被看作是一个废弃物/副产品交易的系统，或是以废弃物/副产品综合利用为基础的产业链网络，这是对产业生态系统的粗浅理解。区域产业生态系统由区域经济子系统、社会子系统和自然子系统耦合而成，被资源、环境、人口、资本、科技和信息六大组成要素支配，具有生产、消费、供给、还原、调控和缓冲六大功能，属于典型的复合生态系统。区域产业生态系统不仅仅是一种研究体系，而是一种客观存在。区域产业生态系统是一种自我演化形成的复杂系统，在外来价值流和内生价值流的主导下，从低级到高级、从简单到复杂、从单一到多样，逐步发育和发展而来。在这个过程中，人口素质、科技水平和信息水平得以提升，反过来它们也会大大促进系统演化。区域产业生态系统演化的本质就是区域内物质、能量和资本的优化，从而使生态效率得以提高，废弃物得以产生价值而被循环利用。

因此，产业生态系统可视为一个特殊的生态系统，是在一定时间和空间范围内，由产业群体与其支撑环境组成的一个整体，这个整体也是具有一定的大小和结构，各成员通过物质、能量及资金的流动和信息的传递相互关联构成了一个具有自组织和自调节功能的复合体。产业生态系统具有明显的空间结构、时间结构及资源结构特征。随着时间的变化，产业群在空间和资源结构上都可能发生变化。空间结构主要有聚集和分散，有的聚集在一个产业园区中，有的分散在不同的区域，通过交通运输联系。从时间结构分析，随着时间的变化产业生态系统也作相应的调整，短期引起企业产品的变化，如随着季节的变化产品种类也发生变化等。长期引起产业群组成或性质（产业结构调整）的变化。在不同的产业中资源结构具有独特的资源链及资源网的特征，越是生态环境友好的产业其资源链越完整并且资源网络特性越突出。产业生态战略管理可以保障有足够充分的效率实现产业生态系统的稳定性和柔韧性。

2.4　产业生态战略管理的主体

如前所述，产业生态化并不是产业发展规律自身演化的自然而然的结果，而是人们在超越市场经济下的理性选择。无论人类社会发展到什么时候，科技提高到什么程度，只要人们仍然把生存和发展视为最基本的目标，那么人们的活动就要以自然生态的规律为界限，并以自然生态的演化与人们经济活动和谐融合为所有行为选择的基本条件。将产业生态化作为今天产业发展中的一个迫切的选择，是因为产业生态化关系到人类经济长远和整体的发展战略选择。唤醒并实现经济生态化的意识，包括产业生态化，仅仅依靠市场经济下的主体自我觉醒是漫长的，甚至是不可能的。形成产业的各个经济主体，是市场经济的产物，它们的生存和发展都是在市场规则下完成的，"理性经济人"假设下的经济主体并没有越过利益之外的非利益追求，哪怕承担社会责任，也是在利益保全下的无奈。捆绑各个经济行为主体选择动机的是局部和短期的利益，哪怕是作为个别经济主体的长远计划，也是这种微观主体利益追求的体现。因此，能够从实践中完全实施产业生态化，最困难的是真正以生态化思维代替传统的经济发展理念，而能够站在长远的利益和战略的角度去理性选择一个从改变经济发展意识到行为方式的模式，没有比政府更合适的主体。换句话说,在当前的经济体制环境下,制定产业生态化发展战略和推动产业生态化进程的,只能依赖政府这样的宏观经济主体,只有政府才是担当这一角色的不二选择。甚至可以说,产业生态化的实施及结果能否达到预期目标,与政府的作用机理能否正常发挥有着直接的因果关系。

可以肯定,在倡导或引导,以及大力推进产业生态化进程中,政府的主体资格是不能被取代的。与其他经济主体不同,政府是有着更加丰富内涵的经济主体。在动机上,政府不仅有突出的经济利益动机,而且有与民族利益、政治利益、社会利益等相关的动机,这是通常意义的微观经济主体所不具备的,一般的微观经济主体的行为动机和适应性环境的内容,主要是与经济利益最大化相关。在更多内涵的政府行为动机下,作为绿色发展实现路径与管理的产业生态化,直接显示出政府主体资格的特殊性,政府不仅担当着倡导的领导者,而且要身体力行地为进行制度创新,进行各种配套的巨大投资为产业生态化创造基础条件,政府是产业生态化不可替代的推动者。在行为机制和手段上,政府要把影响到产业生态化进程的经济因素和非经济因素都考虑进去,从整体系统的意义上寻求有步骤的发展,使各种因素得以协调,从政策制定到实施,再到评估和进一步调整,为现阶段产业发展铺垫上生态化的可能条件。

当然,这并不是说政府的作用是万能的,从政府开始干预经济活动之日起,政府的经济职能范围就是有限的,政府只有在能做且应该做的范围中才会发挥它的正常作用,就像经济学解释的那样,如果政府越过职能范围,就会出现"政府失灵"。产业发展的意义在于能够体现出人类生存质量的提高,对于产业发展的内容而言,最重要的体现是关于其数量和结构的变化。制约产业发展变化的因素是多方面的,不同时期有不同制约因素,而当下最突出的当属生态因素和人们对生活质量的要求。当人们意识到,产业发展中的生态因素制约已经到了无法回避的程度,就有了产业生态理论的出现,而且政府也就赋予了自己更充分的干预理由。尽管政府如同其他主体一样,也是一个适应性主体,也要在与其他产业主体的互动中积累经验,通过不断学习,依据环境和经验去改变或调整自己的行为。但可以肯定地说,在我国,政府作为产业生态化的管理主体,可以更有效地依靠中国特色社会主义的巨大优势，推进产业生态化发展。当然，在产业生态化进程中，政府管理主体资格的肯定，又使政府在经济中作为宏观经济主体的地位及职能、作用性质、作用方式和意义有更多需要探讨的必要。

2.5　产业生态战略管理的原则

从第 1 章的论述可知，产业生态化不仅仅是资源的循环利用，因为无论资源利用的过程怎样高效、怎样多次，最终还是会产生废弃物，至少就目前的技术发展水平与能力而言是如此，真正做到"吃干榨尽"只是很少的情况。因此，产业生态化不是仅仅通过对自然系统的模仿和学习完成的，而是通过整体的社会发展战略做出重新的安排和选择。在这样认识问题的基础上，要做到阻止产业尤其是工业对生态环境的损害，就应该在循环经济的基本原则基础上，确立产业生态战略管理需要遵循减量化、再利用、再循环、资源再配置、无害化储藏、生态修复等六项原则要求。

（1）减量化原则（reduce）。利用废弃物应当建立在对原材料高效使用的基础上，并且首先是要最大限度地提高原材料利用率和减少废弃物。因此，节约使用资源，减少废弃物产生，是循环利用废弃物的前提。

（2）再利用原则（reuse）。对于整体已经失去使用功能的物质产品中具有继续使用价值的零部件、在一定场合不能应用而在其他场合可以继续利用的物品、某些人不愿意继续使用而另一些人愿意继续使用的物品，在不改变物品的物理和化学性能的情况下，经过翻新和简单处理进行再利用。

（3）循环利用原则（recycle）。其是现代循环经济的核心原则，指对已经失去或部分失去功能的资源、产品和其他废弃物进行重新加工实现再资源化，或经过再制造循环利用（可能改变了原来产品物理或化学功能）。从实际效果上看，reuse 和 recycle 都是指废旧物品的回收和再生利用。reuse 实际上也必须经过一定的处理才能实现。

（4）资源再配置原则（relocate）。当讨论资源利用效率时，人们往往主要关注生产过程中的技术设备效率决定的微观上的资源利用效率。实际上，资源在宏观上和一定区域内的配置对资源利用效率的影响更大。从宏观上的

"再配置"角度看,我国重化学工业保持了几十年的高速增长,但是,至今我国重化工产业发展一直存在着严重的资源配置不合理、中小企业为主导且布局分散等问题,导致产业组织结构非优化、资源利用效率低下、污染排放强度过高。在这种背景下,有必要运用产业生态学理论,通过合理规划,在每个区域内进行资源优化"再配置",利用规模经济和产业集聚原则,在技术进步的基础上建立资源综合利用体系,能够使更多的企业加入循环经济联合体,使更多的废弃物进入生态产业链条的再循环体系,这就可以大大提高资源和环境效率。因此,资源"再配置"是结合中国实际情况的必然选择,是解决当前产业技术水平低和组织结构非优化问题的必由之路,同时也是解决经济、社会与环境和谐发展的客观要求。资源再配置原则在中国比在发达国家具有更突出的内涵和现实意义。在操作层次上,资源再配置就是在一定区域范围内,从自身的发展优势和环境容量出发,通过科学规划,完善环境基础设施,合理配置相关产业和企业,使之按照绿色发展要求在区域内实现集聚,形成区域产业生态链网,实现初始资源和废弃物的循环与高效利用。建设生态工业园、生态城市,发展区域循环经济就是"再配置"的直接体现。资源再配置原则扩展和深化了减量化原则,把减量化从生产和生活领域前移至生产要素的规划配置阶段,增加了产业生态化实现的路径(通过产业优化集聚配置、产业链优化构建、物流合理化等途径)。从微观上讲,在一个生产与消费的完整过程中,对资源的需求强度和污染物的排放强度首先取决于资源配置的效率。在企业布局上,可以将其靠近原料产地或消费市场来减少运输所需的能源和资源消耗;在园区的布局上,可以通过将相关产业尽量配套的设计,使不同企业之间的废弃物能够集中处理或者相互利用;在企业内部设施和车间的布局上,使工艺路线合理化,内部物质流程和能量输送流程最短化,可以最大限度地减少物质流成本,减少能量损失;在产品设计上利用生态设计方法,选用资源丰富的原材料、清洁的生产工艺、可再生利用的材料、尽可能采用同一种材料以及易于拆解和回收的结构等,都可以有效地减少对资源的消耗和对环境的污染,降低循环经济成本。产业生态化不仅要努力促进现有生产过程中的低物质化的发展,也要不断开拓工业生产的新模式,抛弃工业化早期大量消耗原材料的传统工业模式,从而走出生态优先、绿色发展的路子。

（5）无害化储藏原则（restore）。由于技术水平和经济效益的制约，废弃资源不可能达到无限循环的程度。为了实现环境保护目标，对当前没有经济价值的废弃物，必须进行恰当的无害化和安全处理，然后以对环境无害的方式储藏起来，这是循环经济理论所忽略的，但也是产业系统能否与自然系统真正融合的关键所在。无害化储藏实际上可以分为两种形式：一种是彻底的无害化，经过无害化处理之后可以不加隔离安全地排入环境之中，如废水处理达标后可以排入河流、厨余垃圾经处理后可以制成有机肥料施于土壤之中，这些废弃物在自然界中经生物、化学等作用机理，而恢复其自然状态；另一种形式是有限的无害化处理，即处理之后对环境仍有一定的危害，必须通过物理介质与周围环境相隔离，如放射性废料的处理、医用垃圾的处理等。毫无疑问，产业生态化应该鼓励第一种无害化处理和储藏方式。无害化储藏原则实际上是明确了废弃物无害化处理和回归到自然的过程。严格地说，废弃物无害化处理和安全处理已经超出生产和生活的范畴，不包含在传统经济核算的有效产出范畴之中。这也正是传统市场经济体制不能解决环境保护问题的核心所在。无害化储藏原则的提出，事实上是将废弃物的环境友好化纳入经济体系。

（6）生态修复原则（remediation）。生态修复是在生态学原理指导下，以生物修复为基础，结合各种物理修复、化学修复以及工程技术措施，通过优化组合，使之达到最佳效果和最低耗费的一种综合的修复污染环境的方法。产业活动对于生态环境造成的损害必须得到追责和恢复，这方面成本的内部化确定有利于形成"倒逼"机制，使市场微观主体积极主动地努力减轻对生态环境的损害。而且更重要的是，增加对于环境的治理与修复，从此前的经济单方拉动变为经济发展与环境保护双重拉动，最终实现自然资本与 GDP 的双增长。

前三条原则是沿用循环经济的"3R"原则，这三条原则对实现资源的节约利用有显著意义，资源再配置原则则强调通过产业结构调整、升级，追求资源的高效率利用，以获得更好的经济效益；无害化储藏原则和生态修复原则当然就是强调对环境的保护和生态建设。这六条原则的实行若得到落实，绿色发展也就获得了全面完整的有效保障。这六条原则也可以简称为产业生态化的"6R"原则。

2.6 产业生态战略管理的方法

产业生态战略管理作为一种全新的战略管理模式，其对象是整个产业生态系统。而产业生态系统从横向看是一个自然—社会—经济的复合系统；从纵向看需要地方政府、产业园区、园区企业三位一体，协同推进，包括对整个产业生态系统的识别、规划、实施、评价和自我更新等过程的管理。

2.6.1 产业生态战略分析

制订产业生态化战略的前提是要进行区域的产业生态战略分析，辨识产业生态系统的组成和结构，模拟分析系统的过程与功能，找出系统内部及外部的优势和劣势，为科学制订发展战略和管理规划提供依据。分析的内容分为以下几个部分。

（1）生态承载力分析。承载力亦称承载能力，用以衡量特定区域在某一环境条件下可维持某一物种个体的最大数量。生态承载力强调特定生态系统所提供的资源和环境对人类社会形态良性发展的支持能力，是多种生态要素综合形成的一种自然潜能。与其他能力一样，它可以发展，也可以衰退，取决于人类的资源利用方式。在一定生态承载力基础上，可以承载的人口和经济总量是可变的，取决于人口与生产力的空间分布、不同土地利用方式之间的优化程度以及产业结构与产业技术水平。生态承载力决定着一个区域经济社会发展的速度和规模，而生态承载力的不断提高是实现可持续发展的必要条件。如果在一定社会福利和经济技术水平条件下，区域的人口和经济规模超出其生态系统所能承载的范围，将会导致生态环境的恶化和资源的耗竭，严重时会引起经济社会的畸形发展甚至"倒退"。

生态承载力研究是区域生态环境规划，实现人口、经济和环境发展的科学保障。生态承载力研究注重人口、资源、环境和发展之间的关系，属于评价、规划与预测一体化的综合研究。研究内容包括资源与环境子系统的共容、持续承载和时空变化特征，以及人类价值的选择、社会目标、价值观念、技术手段与承载力的互动。研究的根本目的在于找到一整套政策，使一个地区在人口和资源变化的情况下仍能保证持续稳定的发展，或根据区域承载力制定相应的人口、经济政策，与区域经济社会发展方向、速度和规模相关。生态承载力研究方法包括净初级生产力估测法、生态足迹法、状态空间法、供需平衡法（资源与需求差量法）、模型预估法以及综合评价法。

（2）资源优劣势分析。产业生态战略管理模式强调系统资源（包括自然资源、技术资源、资金资源、人才资源、市场资源、社会资源等）是区域竞争优势的重要来源，必须整合系统的资源来培养和提升自身的核心能力，发挥自身核心能力的杠杆作用。通过区域内外部资源和能力的识别和评价，认清区域的优势与劣势，及各产业在产业生态系统中的位置、贡献和收益，使之在产业生态链中的地位及作用一目了然。这有助于将企业的能力和资源集中于现有的核心能力和核心业务中，最大限度地发挥现有核心优势，同时也可明确培养新的核心能力和提升企业现有核心能力的方向，以增强企业在生态系统中的竞争力。

（3）产业生态系统分析。产业生态系统分析包括以下几个方面：企业与生态系统内部各生态元，包括消费者、中间商、供应商、竞争对手、其他产业的企业之间的关系，确定各种关系作用对企业核心能力的影响程度；运用生态学分析方法，分析企业在生态系统中的生态位势，各种竞争、共生关系，确定企业的竞争优势劣势；分析生态系统的物质流、能量流、信息流、资金流；运用结构分析法等对产业生态系统的规模、构成要素、质量数量、空间格局、多样性、主导性、稳定性、开放性、生态系统发展阶段以及社会效益、经济效益、环境效益等指标进行综合评价，确定该生态系统所处的发展阶段及状况等。

2.6.2　产业生态进化策略分析

由于技术发展、市场需求变化和宏观经济政策变更等环境变化，任何产业生态系统的建立都不可能一成不变，必然要面临两个进化结果：①产业生态系统逐渐不适应市场需求的变化，或因为技术发展使原有产业生态系统落后而被新发展的系统所替代。②产业生态系统成员，特别是系统中核心企业

29

进行创新，建立起产业生态系统未来发展所需的核心能力和核心产品（服务），完成自身的进化和升级，实现系统的协同进化和可持续发展。产业生态系统进化策略有以下几种思路：完善产业生态系统的各个子生态系统以巩固现有生态系统；通过建立与子生态系统的紧密联系，利用它们在邻近领域中发现新的机遇、开拓新的领地；通过创新发现新的价值和增长点，努力寻找竞争者尚未占领的生态位。因此，要保持产业生态系统的旺盛生命力，企业尤其是核心企业就必须在把握自身及生态系统资源和能力的基础上，深刻分析技术发展和市场走势，建立技术预见和产业先见，把握产业生态系统进化与演化的发展方向。

2.6.3 产业生态战略规划

产业生态战略规划是在生态系统进化策略的指导下，在产业生态系统辨识与分析的基础上，对区域产业生态化的战略目标、组织体系、能力建设和步骤手段等进行全方位、全过程的综合规划。产业生态战略规划应遵循生态优先，整体优化，纵向、横向和区域耦合，发挥区域优势，突出主导产业的生态原则。

生态优先、整体优化。产业生态战略规划不能脱离整体的发展，不能只顾眼前效益、局部利益，顾此失彼，兴一利而增多弊或多害，必须从整体上，按具体情况规划、布局分步、分期实施。通过耦合，在对经济和生态环境均有利的前提下，延长产业链，使产业吸附更多技术、文化、理念，在产业链上每个吸附点能够产生新的价值、新的经济机会，并使它们联结成相互联系、互利共生的系统，促进物流的循环趋向完全，发挥整体的经济及生态效益。为了维护整体效益，还要协调与部门和地区建设之间的关系，如协调区域国土规划、城市建设规划、生态环境规划和社会经济发展规划，使之协调交融为一体，促进城乡结合、工农结合、环境保护与经济发展相结合。

纵向、横向、区域耦合。第一，纵向闭合。仿生态系统中生物生命周期形式，从产业内部加强自源、流到汇、再从汇到源的纵向耦合、闭合循环。第二，横向耦合。仿食物链网的形式。对不同产业和行业之间，横向耦合，是集生产、流通、消费、回收、环境保护及能力建设为一体的产业链网，为废弃物找到下游的"分解者"和"利用者",使各企业的各种废物在不同行业、企业间利用,建立物质的多层分级利用网络,新的物质闭路循环,实现生产过程中完备的功能组合,疏通物流、能流、价值流、信息流及人力流渠道,使之更为合理。第三,区域耦合。区域耦合是仿生态系统形式,通过对一定地域空间内不同生产部门、居民点和自然生态系统之间的物质能源代谢、空间格局及人类生态关系的优化,联系与协调一个产业区与区外相关的区域及自然和人工环境,形成优势互补、互利共生、自然生态链与人工产业链结合的复合生态系统整体,发挥整体效应,形成内部资源、能源高效利用,外部有害物质零排放或最小排放的可持续的生态综合区,尽最大可能地降低生产过程对生态环境的影响,变污染负效益为资源正效益。形成自然生态链网和产业链与人工生态链网结合的生态系统。

发挥区域优势,突出主导产业。因地制宜,根据当地区位、自然、资源、人才、技术、社会经济基础条件及某些产业的历史条件,充分发挥当地的区域优势,扬长避短,选择和比较优势产业,使其产业发展与区域社会经济优势等条件有机结合,开拓、创新与发展一批有市场、有潜力产品的增长点和能维护生态资产和环境、带动当地全局的主导产业,形成自己的特色。

2.6.4 产业生态战略执行

这一子过程主要是为了实现设定的目标、态势、行动以及一些辅助决策(如组织结构)。战略执行包括战略实施、低层次战略步骤的改进、组织结构变革等。战略实现尤其强调战略不一定是特意规划的结果,它也能够不断地浮现出来。战略实现/执行既包括管理内部变化的传统方面,如沟通与达成一致,也包括对战略变革外部环境的管理,以及战略变革过程中战略与外部环境作用——反作用过程的管理。战略执行从本质上来说是整合产业生态系统内外资源的集合。因此,战略生态管理过程实质就是如何建设管理好产业生态网络,实现资源的整合与共享,并通过创新不断提升和拓展核心能力,提高企业和产业生态系统的整体效益。战略执行要把握三个关键环节:环境污染的源头—末端监管、区域产业生态系统设计与构建、生态修复与生态建设。

产业生态化战略执行主要落实在政府、园区与企业三个层面。

（1）政府层。强调两个方面的问题：一是"应该做什么"，即从区域全局出发，根据外部环境的变化及自身的内部条件，确定地方的使命与任务、产业领域和生态保护重点；二是"怎样做这些"，即在区域不同的领域、行业之间如何分配资源以及采取何种成长方向等，以实现区域整体的战略意图。

（2）园区层。园区层着眼于每一个园区中某一具体产业单元的市场和竞争状况，相对于政府层战略有一定的独立性，同时又是整个战略体系的组成部分。园区层战略主要回答在确定的产业领域内，如何补链、壮链、延伸产业链；在一个具体的、可识别的市场上，如何帮助企业构建持续优势等问题。其侧重点在于以下几个方面：贯彻使命、业务发展的机会和威胁分析、业务发展的内在条件分析、业务发展的总体目标和要求等。

（3）企业层。企业层主要回答某职能的相关部门如何卓有成效地开展工作的问题，重点是提高企业资源的利用效率，使企业资源的利用效率最大化。其内容比业务战略更为详细、具体，其作用是使总体战略与业务战略的内容得到具体落实，并使各项职能之间协调一致，通常包括营销战略、人事战略、财务战略、生产战略、研发战略等方面。

政府层、园区层与企业层战略一起构成了区域产业生态战略管理体系。在区域内，产业生态战略管理各个层次之间是相互联系、相互配合的。区域每一层次的战略都为下一层次战略提供方向，并构成下一层次的战略环境；每层战略又为上一级战略目标的实现提供保障和支持。因此，区域要实现其总体略目标，必须将三个层次的战略有效地结合起来。

2.6.5　产业生态战略评估

产业生态战略评估指以战略的实施过程及其结果为对象，通过对影响并反映战略管理质量的各要素的总结和分析，判断战略是否实现预期目标的管理活动。在实际操作中，战略评估一般分为事前评估、事中评估和事后评估三个层次，这三个层次我们分别称为战略决策评估、战略过程评估和战略成效评估。

（1）战略决策评估。战略分析评估指运用 SWOT 分析法，评估企业内外环境状况，以发现最佳机遇。此种评估也可称作现状分析评估，它一方面要检查企业现行战略是否能为企业带来经济效益，如果不能增效就要重新考虑这种战略的可行性；另一方面通过考察外部环境，判定在现行环境下企业是否有新的机遇。最后结合两个方面的结果，企业或继续执行原战略或采取适应环境要求的新战略。战略分析评估主要包括以下几个方面的内容：企业的现行战略和绩效的分析；不同战略方案的评估；对企业相关利益备选方案的评估；竞争力的评估，即产品、市场、技术、人才、制度竞争力的评估。

（2）战略过程评估。战略过程评估指战略执行前对战略是否具有可行性的分析。此处涉及了很多的评估模型，如 SAM 模型、定量战略规划模型（QSPM）、Eletre 方法（E 方法）、战略规划评估模型（SPE）。它们都是首先对环境要素进行分析，然后制定判断标准并打分，最后计算出结果。SAM 方法中所包含的数学方法主要有层次分析法、熵权系数法、主观概率和效用理论等。此种方法是针对不同战略方案可行性的研究，是用数学的方法对不同的战略方案所面临的机会与威胁设定标准，通过数学的方法计算机会与威胁的权重，并以所得风险与收益的结果选择最优的战略方案。

（3）战略成效评估。产业生态战略的实施效果或战略生态管理的状况可以由产业生态系统的规模、收益，系统的多样性、主导性、协调性、稳定性、开放性，系统发展的速度、潜力和可持续性，以及经济效益、社会效益和环境效益等指标进行衡量。其中，规模是描述产业生态系统状况的重要指标，它可以由产品生产规模、产品的覆盖范围、生态系统各级成员的数量等指标加以衡量；收益是指产业生态系统各级成员在该生态系统中的收益状况，可由生态系统近几年经济总量、利税额表示；多样性是指系统组成和资源的丰富程度；主导性代表了系统核心资源、核心企业优势的发挥程度；协调性是指系统内部之间及系统内外部的耦合程度，以及多样性与主导性的协调程度；稳定性是指产业生态系统的长期获益性、长期成长性以及抗环境干扰能力；发展速度是指生态系统的经济总量增长率、市场占有率、市场覆盖率的扩大速度；发展潜力是指技术创新能力、潜在市场容量、潜在的资源等；社会和环境效益状况是指战略生态系统从社会角度衡量的趋势符合性、间接效益大小以及对生态环境的影响、资源节约与再生性等。战略生态管理的评价是贯穿整个战略实施过程的，通过对战略实施效果的评价，可以及时发现问题，并根据实际反馈和环境的变化调整改进战略规划。

2.6.6 产业生态策略研究

产业生态战略管理的循环模式表明战略不仅仅是一个既定的过程，这个过程需要发起、培育并不断调整，并且将一直进行下去，而不是仅限于一次单一循环或一个具体战略。策略研究是在整体战略的指导下，针对变化的某个方面、某个层次、某个局部，研究指导应对的政策和策略。在实践中，没有正确高效的策略研究，既容易使战略实施落空，也容易使提出的政策和策略之间产生抵触。

| 第 3 章 |
区域产业生态化的目标体系

    目标是对活动预期结果的主观设想，是在头脑中形成的一种主观意识形态，也是活动的预期目的，为活动指明方向。其具有维系组织各个方面关系、构成系统组织方向核心的作用。区域产业生态化的目标是产业生态化发展要达到的预期结果，它反映了产业生态化实施过程中的努力方向，体现着产业生态化的本质特征和内在要求。产业生态化微观机理显示，产业生态化的目标指向明确，即：产业与自然协调发展，亦即绿色发展。而产业系统作为经济—自然—社会复杂大系统的子系统，单一的发展目标必定难以适应复杂多变的非线性作用及变动的发展环境。绿色发展理念提出，在人们的生活质量水平、人的全面发展需求全面提高的背景下，产业生态化的目标如果还是以资源节约最大化、环境污染最小化来实现产业与自然协调发展这一单一的发展目标，就将无法适应社会发展的需要和当今全球产业竞争的格局，甚至会走向一味追求生态效益的道路。一味不顾现实技术环境与条件，仅仅在生产上运用生态学物质能量循环再生原理构建循环生产体系，就会从根本上背离事物与环境相互关联、相互影响、相互促进的生态化发展本质，看似重视生态效益，实际上将产业引入另一个错误的方向，从一个极端走向另一个极端。实现产业生态化发展，必须积极应对发展环境的变化，对产业发展目标、产业发展规模、产业发展内容、产业发展结构进行系统性调整、变革，以适应发展环境的改变。另外，随着经济的不断发展和社会的不断进步，产业生态化的衡量标准和具体要求也不是一成不变的，所以区域产业生态化是一个由多目标构成的、具有能够适应这些发展环境、标准、要求的变化的结构体系。

但我们认为，作为战略管理，要顺利实现目标，必须使全体参与部分和全体成员具有共同的价值取向，也就是明确战略的价值目标。在价值层面，产业生态化目标体系是由一系列相互联系的目标构成的整体。由于产业生态化不仅要关注产业和自然的和谐发展，同时更加关注产业内部各组分间关系的优化、产业和社会发展的协同，特别是关注产业发展和人的全面发展需求的契合，因此，产业生态化的目标是一个由产业自身协调发展、产业与自然和谐发展，以及产业与社会协调发展这三个目标构成的紧密联系、不可分割的多目标复合系统。

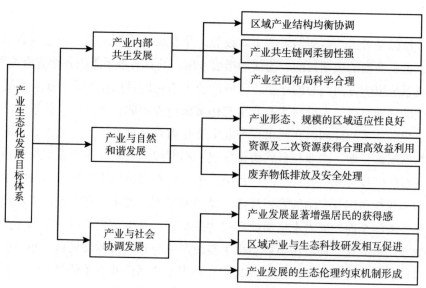

图 3-1　产业生态化发展目标体系

3.1　产业与自然和谐发展

自然是人类赖以生存和发展的基础和前提，是产业生存和发展的基础和保障，也是生态优先原则的根本依据。首先，人类的物质财富是人类劳动和自然资源的共同组合。恩格斯说："其实劳动和自然界一起才是一切财富的源泉，自然界为劳动提供材料，劳动把材料变成财富"。其次，人类精神财富是人类对自然感觉思维抽象的反映。自然是人类一切思维抽象的源头，是人类创造精神财富的活水。总之，大自然不仅为产业发展提供物质和能量，而且还是人类创造精神财富的源头活水。由此看来，产业发展不在自然发展之外而在自然发展之中。如果产业发展是以牺牲自然生态价值为代价的发展，就是无根的发展，最后只会走向泯灭。产业与自然和谐发展既是人类对自身生存和发展的关切，也是人类在发展中必须保证的基本目标。也就是说，产业生态化就是坚持"生产发展、生活富裕、生态良好"的文明发展之路。

产业系统与自然系统的和谐发展，要求人们重新认识自然生态对人类存在的价值，解决人类自身发展、产业发展与自然资源环境承载能力之间的矛盾，从产业发展的角度来开辟人与自然和谐发展的新局面。它强调产业发展不能以过度消耗自然资源和破坏自然环境为代价，要求产业发展中物质生产产业规模适度、生产模式低碳循环，不能超过自然的承载能力。只有既重视经济增长指标，又重视资源环境指标，统筹考虑当前和未来的发展，最终才能实现产业与自然和谐共生、协同进化。从产业经济发展的角度来看，产业与自然的联系主要在三个方面：一是区域的自然生态对产业的适应性；二是从自然界索取产业发展所需的物质和能量；三是向自然界中排放废弃物。要实现产业与自然之间的和谐，必须做到以下三点。

（1）产业形态、规模的区域适应性良好。

产业发展要与当地生态环境相适应。产业发展离不开当地资源禀赋与生态环境条件，而当地资源和环境条件也往往是产业及其企业、产品的比较优势之所在。一方面，只有适宜地域生态环境特点、充分发挥自然资源与经济资源优势的产业结构才具有较强的生存力、拓展力与竞争力。另一方面，特定生态系统所提供的资源和环境对人类社会形成良性发展的支持能力，即所谓生态承载力，是多种生态要素综合形成的一种自然潜能。与其他能力一样，它可以发展，也可以衰退，取决于人类的资源利用方式。在一定生态承载力的基础上，可以承载的人口和经济总量是可变的，取决于人口与生产力的空间分布、不同土地利用方式之间的优化程度以及产业结构与产业技术水平。在人类生态系统中，只有人是能动的，资源与环境的变化在很大程度上是受人左右的，生态系统的发展方向在很大程度上是受人调控的，调控得当与否直接关系到可持续发展能否实现。人类调控首先要遵循生态成本总量控制原则。所谓生态成本，是指我们进行经济生产给生态系统带来破坏后，再人为修复所需要的代价。在向自然界索取资源时，必须考虑生态系统有多大的承载能力，人为修复被破坏的生态系统需要多大的代价，因此要有一个生态成本总量控制的概念。

（2）资源及二次资源获得合理高效益利用。

资源利用是指把各种自然资源：土地、森林、矿产、水资源等吸收到社会生产过程中来。对自然资源的开发利用，除了研究一些经济发展方面，如社会生产的需要、工艺技术的可能、成本的高低等因素外，还要研究对自然保护和环境保护最有利的开发利用的形式、规模和速度，做到合理高效益利用。二次资源也称"再生资源"，指工业生产中产生的废渣、废液、废气及各种废旧物资。二次资源的开发利用具有节省一次资源、节省建设资金的社会效益。它包括工业生产中的废渣、粉尘、矿山尾矿、废水、废气、废旧金属等，农业生产的副产品（如农作物秸秆、家畜粪便等）以及生产生活中的废弃物（如废橡胶、废纸、废塑料、电子废物等）。

产业生态化需要对企业生产的原料、产品和废物进行统筹考虑，通过企业间的物质循环、能量利用和信息共享，追求系统内各生产过程从原料、中间产物、废物到产品的物质循环，达到资源、能源、投资的最优利用。生态产业倡导园内企业进行产品的耦合共生，大大地提高了资源利用率，同时通过副产物和废弃物的循环利用，既降低了园区的环境负荷，又减少了企业废物处理成本和部分原料成本，提高了企业的经济效益，改变了环境污染和经济发展的矛盾，达到了资源、环境和经济发展的多赢。

（3）废弃物实现低排放及安全处理。

产业发展的现实告诉我们，无论如何高效率利用和充分利用，仍然有废弃物要向自然界排放。这就要求：一方面全社会各行各业都能自觉做到低排放。另一方面，更重要的是要保证做到安全处理；或者封存起来，待成熟技术产生之后再行处理。总之，一定要在坚持产业的发展的同时，尽最大可能地保护好生态环境不受损害。这也是产业与生态环境的边界，守住这条边界是时代的要求。

3.2 产业内部共生发展

产业内部共生体现在产业之间、产业子系统之间、子系统各要素之间的协调统一、耦合共生，是产业系统存在的最佳状态，也是产业系统进化的最佳途径。具体而言，产业内部的共生发展主要包括以下三个方面。

（1）区域的产业结构均衡协调。

产业结构优化，是指推动产业结构合理化和产业结构高级化发展的过程，是实现产业结构与资源供给结构、技术结构、需求结构相适应的状态。它是指产业与产业之间协调能力的加强和关联水平的提高，主要依据产业技术经济关联的客观比例关系，遵循再生产过程比例的需求，促进国民经济各产业间的协调发展，使各产业发展与整个国民经济发展相适应。它遵循产业结构演化规律，通过技术进步，使产业结构整体素质和效率向更高层次不断演进的趋势和过程，通过政府的有关产业政策调整，影响产业结构变化的供给结构和需求结构，实现资源优化配置，推进产业结构的合理化和高级化发展。在任何社会，只要存在社会化大生产，在客观上就都要求按比例分配社会劳动。

产业结构均衡协调的一个重要评价依据是产业的多样性，类似生态系统的可持续性依赖于其物种、组织和遗传的多样性。参照生态系统，产业生态多样性也有益于产业生态，因为它极大地提高了产业系统的稳定性。产业的多样性既表示产业系统中参与者的多样性，又代表产业投入与产出的多样性，消费品结构与投入品供应的多样性也是产业系统中多样性的体现。因此，通过一定努力，产业投入与产出的多样性可以提高。

产业结构均衡协调的另一个评价依据是环保产业的规模。环保产业是指那些保护自然资源、能源和生态环境以减少环境负担为目标而从事的设施设备生产、技术和服务的产业部门，包括污染处理设备、检测仪器等硬件设施以及废物管理、工程设计与咨询等。环保产业减少了环境的负外部性，降低了资源消耗，尤其是环保产业的技术创新，在减少生产负外部性的同时，通过提高资源效率和物质能量的循环使用增加了生产的内部经济性。环保产业的发展速度与规模直接反映了产业的生态经济效率和环境外部性问题。

（2）产业共生链柔韧性强。

产业共生是一定地域范围内的企业为提升竞争优势而在资源利用和环境保护方面进行合作的一种经济现象。产业共生体系是一定地域范围的企业、企业间共生关系的集合。产业共生最初是希望通过建立企业间的"废物关联"来实现产业系统的物质闭路循环和能量的梯级利用，这种特定背景给产业共生留下了"副产品再生利用"的烙印。从本质上讲，产业共生是生态产业体系中企业的一种优化组织形式，尤其是企业与企业之间在环境保护方面的合作机制。就其产生背景、发展历程和本质要素而言，产业共生要比产业集群具有更丰富的内涵，因为产业共生不但要求企业通过聚集形成产业集聚，而且要求集聚的企业之间必须通过环境方面的合作来实现整合效益的优化。产业共生网络则是指由各种类型企业在一定的价值取向指引下，按照市场经济规律，为追求整体上综合效益（包括经济效益、社会效益和环境效益）的最大化而彼此合作形成的企业及企业间关系的集合，是构成产业共生体的必要条件和核心内容。产业共生体系则是有产业共生网络及其依存环境（资源禀赋、制度安排、技术进步等）所构成的整体。在一定程度上，企业及企业间共生关系构成了产业共生网络，而产业共生网络及其依存环境构成了产业共生体系。

通过分析，人们认识到资源、市场、技术等因素在产业共生体系的形成和发展过程中起着至关重要的作用，忽视其中任何一个要素都可能导致规划的产业共生体系无法在现实中得到实施。更为重要的是要关注产业共生体系的演化过程，识别和决定产业共生体系演化路径的主要因素，并探求各因素的作用机制，提炼和演绎产业共生体系的演化机理。

区域产业生态系统的稳定性取决于组织成员的多样性和成员互动的协同进化能力。组织成员的多样性是区域产业生态系统稳定性的基础，区域内相关企业类型越多，对区域外企业的依赖性就越少，则受到外界干扰的影响程度就越小，就越能显示出较强的抵抗能力。成员互动的协同进化能力是区域产业生态系统稳定性的保障，区域内企业之间的互动水平越高，协同进化能力就会越强，则区域产业生态系统在遭到外界各类因素扰动后迅速恢复到原系统功能与状态的能力也就越强，就越能显示出较强的恢复能力。

区域产业生态系统只有具备其稳定机制，才能保持已经建立起来的结构、功能和特性，保存已经积累的信息与技术发展状况，才能促进区域产业不断升级与发展。根据自然生态的有机循环原理，一方面，通过将不同的工业企业、不同类别的产业之间形成类似于自然生态链的产业生态链，从而达到充分利用资源、减少废物产生、物质循环利用、消除环境破坏，达到提高经济发展规模和质量的目的；另一方面，它通过两个或两个以上的生产体系或环节之间的系统耦合，使物质和能量多级利用、高效产出并持续利用。

（3）产业空间布局科学合理。

产业布局在静态上看是指形成产业的各部门、各要素、各链环在空间上的分布态势和地域上的组合。在动态上看，产业布局则表现为各种资源、各生产要素甚至各产业和各企业为选择最佳区位而形成的在空间地域上的流动、转移或重新组合的配置与再配置过程。产业布局是多种因素综合影响的产物。其中，决定区域竞争力与产业布局的先天条件及核心要素为区位因素，后天可以弥补的居于第二位的是区域政策因素。

优化产业结构和布局是区域经济发展的核心。它既能建立适应地方发展条件的产业体系，促进产业的可持续发展能力的形成；又能保护生态环境，促进良好人居环境的建设；还能促进产业集聚及规模效应的形成，从而加快城镇化发展，有效解决"三农"问题，提高农村经济发展竞争力，促进城乡协调发展，因此产业合理布局与城乡发展有密切的关系。合理优化的产业布局不仅限于满足静态和近期的发展需求，而是要面向中远期，要以动态的思想指导产业布局，要为城市经济职能的不断升级演变留出一定的发展空间。

3.3 产业与社会协调发展

产业与社会协调发展是指产业发展和社会发展相适应，产业发展能够促进社会发展，推动社会进步。产业经济发展是社会发展的前提和基础，社会发展是产业经济发展的结果和目的。从产业生态化的角度来理解，产业与社会协调的目标体系包括以下三个方面。

一是产业发展显著增强居民的"获得感"。

"获得感"强调一种实实在在的"得到"。"获得感"不仅是物质层面的，也有精神层面的；既有看得见的，也有看不见。"获得感"的提出，使人民得到的利好有了进行指标衡量的可能。首先是要感受到改革带来的物质生活水平的提高。例如，人民群众就业、收入增加，能接受良好教育，能看得起病，养老有保障，喝干净的水，呼吸到清洁的空气，吃的、用的产品安全、健康、环保、绿色。这些都是看得见摸得着的"获得感"。在精神层面，要让每个人有梦想、有追求，同时活得更有尊严、更体面，能够享受公平公正的同等权利。

二是区域产业与生态科技创新相互促进。

产业与生态是一种对立统一，产业对生态的影响随着产业发展的不同阶段而不同；反过来，生态环境对产业发展的要求也随着社会发展而发生变化。因此，生态科技也就不能一劳永逸，必须不断创新、不断适应产业发展生态技术的新要求。具体来说：

第一，通过生态科技创新，有效解决企业的资源浪费和环境污染问题。生态技术能够在生产中优化工艺流程，减少能源和材料的不必要流失和浪费，使资源最大限度地转化为产品。生态技术是解决环境污染的根本手段。利用生态技术能预防和控制对环境的破坏和污染，有效地治理和恢复已遭破坏和污染的环境。利用生态技术能够实现物质能源减量化，减少污染，减轻生态环境压力，保护生态环境。所以生态技术有助于企业生态化转向，促进生态文明建设。

第二，通过生态科技创新，合理有效地利用不可再生资源、开发利用可再生资源。利用当代生态技术，能够不断寻找和开发新的资源和能源，不断提高现有资源和能源的利用率。例如，通过大力发展新能源技术，开发利用太阳能、风能、潮汐能、生物能等，减少对水、煤炭、木材、石油等能源的依赖；通过大力发展新材料技术，加强新型原材料的研发和应用，减少对木材以及各种金属矿物的依赖。

第三，通过生态科技创新，提高资源利用率，减少排放。在传统技术下的生产过程中，会把产生的大量本具有再利用价值的"废弃物"排放到环境中，这不仅产生环境污染而且造成资源浪费。生态技术能高效率地回收利用废弃的物资和副产品，把一个生产过程产生的废品变成另一个生产过程的原材料，将能源和物质投入减少到最低限度、资源最大限度地转化为产品。同时使生产过程中产生的废弃物可以重新加以利用，实现了资源的循环利用，使废弃物无公害化或少公害化，既节约了资源又保护了生态环境。绿色消费的兴起直接影响市场，绿色产品在市场上具有广泛的消费需求，并且绿色产品的单价明显高于同类非生态产品。企业为了迎合消费者的这种消费观念，就会采用生态技术，开发绿色工艺，生产绿色产品，开拓绿色市场，通过提高资源利用率和减少排污费降低生产成本，从而提高了企业的市场竞争力，获得了较高经济效益。

第四，通过生态科技创新，提高产品的国际竞争力。绿色壁垒是绿色贸易壁垒的简称，也叫环境壁垒，指在国际贸易中一些国家以保护生态资源、生物多样性、环境和人类健康为借口，设置一系列苛刻的高于国际公认或绝大多数国家不能接受的环保法规和标准，对外国商品进口采取的准入限制或禁止措施。无论是绿色壁垒的设置，还是绿色壁垒的突破，都有赖于生态科技的创新进步。

总之，形成区域产业与生态科技创新相互促进的机制是实现区域产业生态化目标的重要内涵之一，也是区域产业生态战略管理的能力建设要求。

三是产业发展的生态伦理约束机制形成。

生态伦理即人类处理自身及其周围的动物、环境和大自然等生态环境的关系的一系列道德规范。通常是人类在进行与自然生态有关的活动中所形成的伦理关系及其调节原则。人类的自然生态活动反映出人与自然的关系，其中又蕴藏着人与人的关系，表达出特定的伦理价值理念与价值关系。人类作为自然界系统中的一个子系统，与自然生态系统进行物质、能量和信息交换，自然生态构成了人类自身存在的客观条件。因此，人类对自然生态系统给予道德关怀，从根本上说也是对人类自身的道德关怀。人类在自然生态活动中一切涉及伦理性的方面构成了生态伦理的现实内容，包括合理指导自然生态活动、保护生态平衡与生物多样性、保护与合理使用自然资源、对影响自然生态与生态平衡的重大活动进行科学决策以及人们保护自然生态与物种多样性的道德品质与道德责任等。

社会价值优先于个人价值是生态伦理的鲜明特征。为了使生态得到真正可靠的保护，应制定出具有强制性的生态政策。在制定生态政策的过程中，必须处理好个人偏好价值、市场价格价值、个人善价值、社会偏好价值、社会善价值、有机体价值、生态系统价值等价值关系。在个人与整体的关系上，应把整体利益看得更为重要。所谓社会善价值，就是有助于社会正常运行的价值；而个人善价值代表的则是个人的利益。可见，生态保护政策不仅触及个人利益与社会利益的关系问题，而且主张社会价值优先于个人价值。

具有强制性。生态伦理无论在内涵方面还是在外延方面，都不同于传统意义上的伦理。传统意义上的伦理是自然形成的而不是制定出来的，通常也不写进法律之中，它只存在于人们的常识和信念之中。传统意义上的伦理仅仅协调人际关系，一般不涉及大地、空气、野生动植物等。传统意义上的伦理虽然也主张他律，但核心是自觉和自省，不是强制性的。由于生态保护问题的复杂性和紧迫性，生态伦理不仅要得到鼓励，而且要得到强制执行。

扩展了道德的范围，超越了人与人的关系。单靠市场机制，很难确保人类与生态之间的和谐，很难确保正确地对待动植物以及生态系统，很难确保考虑后代的利益。因而，应通过制定生态保护政策来引导人们转变道德观念。任何政策的落实都需要得到公众认可，生态保护政策更需要公众发自内心的拥护。生态伦理所要求的道德观念，不仅把道德的范围扩展到了全人类，而且超越了人与人的关系。生态政策必须兼顾生态系统的价值，兼顾不同国家间利益的协调。

努力实现人与自然和谐发展。生态危机主要是由于生态系统的生物链遭到破坏，进而给生物的生存发展带来困难。人类发展史表明，缓和人与自然的关系，必须重建人与自然之间的和谐。第一，把改造自然的行为严格限制在生态运动的规律之内，使人类活动与自然规律相协调。改造自然不应是人类对大自然的掠夺性控制，而应是调整性控制、改善性控制和理解性控制，即对自身行为的理智性控制。第二，把排污量控制在自然界自净能力之内，促进污染物排放与自然生态系统自净能力相协调。倘若人类排放的污染物超过了大自然的自净能力，污染物就会在大气、水体、生物体内积存下来，对生物和人体产生持续性危害。第三，促进自然资源开发利用与自然再生产能力相协调，为人类的持续发展留下充足空间。对于可再生资源的开发利用也必须坚持开发与保护并重的原则，促进自然再生产能力的提高，以保证在长期内物种灭绝不超过物种进化、土壤侵蚀不超过土壤形成、森林破坏不超过森林再造、捕鱼量不超过渔场再生能力等，使人类与自然能够和谐相处。人类应摆正自己在大自然中的道德地位。只有当人类能够自觉控制自己的生态道德行为，并理智而友善地对待自然界时，人类与自然的关系才会走向和谐，从而实现生态伦理的真正价值。

生态伦理的核心是为了人类的发展与进步，保护自然资源，实现生态平衡。近代以来，人类活动一直围绕着如何向自然索取更多的资源和能源以生产出更多的物质财富、追求更高水准的生活这一主题。工业文明创造出大量的物质财富，也消耗了大量的自然资源和能源，并产生了土壤沙化、生物多样性面临威胁、森林锐减、草场退化、大气污染等严重的生态后果。因此，维护和促进生态系统的完整和稳定是人类应尽的义务，也是生态价值与生态伦理的核心内涵。从宏观层面来看，与人类未来的生存问题关系最为密切的是生态伦理。

作为绿色发展的管理，产业生态化的目标实现的进展和具体评价也可以参照 2016 年 12 月由国家发改委、国家统计局、环境保护部、中央组织部联合发布的《绿色发展指标体系》（见附录）来体现。从管理层面来看，不需要另行研制出一套评价体系，以期取得更为切实的成效。

| 第 4 章 |

区域产业生态化的动力机制

4.1 产业生态化动力机制及其特殊性

机制，原指机器的构造和工作原理。后来引用到生物学、医学以及整个自然科学和社会科学之中，泛指系统的内部结构和外部联系，即各组成部分之间的关系，及其与环境因素的关系，特别是相互作用和影响关系，是系统内部活动及其与环境相互作用的规律。动力机制是系统（事物）状态变化的一系列相互传递的动因，是正视事物存在的各方面条件下，通过激发某一因素达到协调各个部分发挥作用的具体运行方式。一个完整的动力机制包含三个方面的内容：第一，系统的动力是什么；第二，它是如何产生的；第三，系统的动力是如何通过系统结构发挥驱动作用的。因此，区域产业生态化的动力机制需要回答这样三个问题，即区域产业生态化的真正动力是什么，它是如何产生的，又是如何驱动产业生态化发展的。

由于产业生态化并不是产业发展规律自身演化的自然而然的结果，而是人们在超越市场经济下的理性选择，因此，这里所谓的动力还包含排除阻力的成分，也就是沃尼克和奥苏贝尔所说："我们需要了解在工业经济中，生态工业工程为什么没有能成为一种规律，以便企业对待它像对待市场规律那样，自发的遵守并运用……我们的确需要弄清并消除生态工业发展进程中的那些绊脚石"。另外，前面我们已阐明，政府是产业生态化的推进主体，企业是产业生态化的实施主体。在产业生态化实施的过程中，企业的动力无疑需要充分激发，而政府自身的动力也需要通过激发，而且企业的动力在很大程度上要通过政府主导的作用下才可真正形成。没有地方政府的强有力并且有效的推进与调控，仅仅依靠企业的自身作为是不可能实现产业生态化目标的。我们先从地方政府的行为模式分析入手来考察产业生态化的动力来源。

4.2 地方政府的行为模式

改革开放以后，地方政府由上传下达的中转机构演化为国家经济管理的一个层次和组织地方经济活动的主体，随着放权让利和"分灶吃饭"的财政体制推行，地方政府具有了独立的行为目标和行为模式，它不再仅仅是传统的统收统支的财政体制下那样的一个纵向依赖的行政组织，而是获得了相当部分的行政管理权力，并逐渐成为一个具有独立经济利益目标的经济组织，具有了强烈追求本地经济快速增长的能力和动力，本地区引入资本的数量、人均 GDP 水平、财政收入的数量，一直是地方政府最为关注的政府业绩指标。一方面，现阶段对地方政府的政绩考核包括经济社会发展许多指标，在实际操作中经济指标占有较大的权重，地方政府为追求任期内经济高速增长，往往不惜以牺牲环境为代价。另一方面，迫于地方财政收入和社会事业发展、就业和居民收入等方面的压力，地方政府也需要把经济增长放在首位。尤其是在经济欠发达地区，地方政府考虑首先从是否有利于经济增长的角度出发，试图再走发达地区"先污染后治理"的老路，如果中央在推进绿色发展上没有有利于地方利益的制度安排，地方政府推动产业生态化发展自然会缺乏实质性的措施。

地方政府在执行中央决策时存在选择性偏差。中央政府把绿色发展作为一项战略决策进行推动，但对地方政府来说，如果推进产业生态化对它们有好处或者因产业结构升级而与中央政府的意图不谋而合，它们就会大力发展，鼓励企业走生态化的发展道路。如果地方政府认为实施产业生态化会使它们的资源投入水平相对下降，尤其是经济欠发达地区，它们就会"上有政策、下有对策"，继续按照自己粗放型的方式发展。经济欠发达地区在资本、技术、人才等要素的竞争中，相对处于不利地位，却面临更迫切的发展本地经济的要求，表现在项目的选择上，往往不能像发达地区那样制定较高的"绿色门槛"。

地方政府调控手段的局限性。地方政府特别是市、县两级政府推动产业生态化发展，主要采取多种行政手段，这往往是不得已而为之。传统的环境经济手段的主要类型有收费和征税、可交易的许可证制度、押金制度和财政补贴等形式，地方政府许多不能采用。在实施产业生态化过程中所依据的经济手段仍然只是传统的征收排污费和产品税，对所有的企业都适用，对实行产业生态化的企业起不到税费激励作用。国家虽然鼓励地方进行产业生态化试点，但并没有相应的配套政策。法律手段主要是宣传贯彻有关环境保护的法律法规，对企业有直接推动作用的《清洁生产促进法》又缺乏强制性，贯彻落实的弹性较大。建立区域产业生态化发展模式，不仅需要宣传教育和规划引导，也需要加大对环境基础设施的投入，以促进生态园区和生态城市建设。地方政府还受到财力不足的限制，经济欠发达地区更是如此。

地方政府之间的行政分割制约产业生态化的发展。在当前的行政体制格局下，仅靠市场推进区域产业生态化是很困难的。在地区之间竞争与合作的关系中，受行政区划的影响，地方政府之间，尤其是相邻地区之间在竞争与合作中，首先考虑的是当地企业的利益，相对于其他地区政府，这个地方政府便起着"经济人"的作用。地方政府作为"经济人"是由自身的财政利益决定的，它要追求自身的财政利益最大化，就要保障本地企业的利润最大化。从这一意义上说，地方政府同本地的企业形成了利益共同体。受地方经济利益最大化的驱使，地方政府的经济行为准则是尽量地扩散本地区产品的市场覆盖面，尽量地吸引外地资本流向本地。由于环境保护存在着"违法成本低、守法成本高"的现象，各地在产业布局规划中，往往都把污染大的项目布局在下游位置，或与其他地区交界的地方，这样，一个地方企业生产的负外部性就由外地来承担了，企业为本地政府创造财富，而让外地来承担环境成本，而跨地区的环境污染责任追究尚未建立起来，导致跨地区的污染也很严重。由于行政分割导致的这种现象的大量存在，造成了跨地区环境污染和资源浪费，不仅严重制约了跨行政区域推进产业生态化的发展，而且也减弱了本区域内地方政府推进产业生态化的内在动力。

由此我们可以确定，要激发地方政府的内在动力，第一，必须明确职责要求。通过对地方政府对生态环境保护明确的责任要求，追责问责，可以使地方政府由责任的压力转变为内在动力。这就要建立中央政府和地方政府法治化、规范化的新型关系，为从上到下推动区域产业生态化提供体制保证。明确划分各级政府的职责、权限、利益，解决地方各级政府财权与事权不对称的问题，通过制定一套法律规范，把两者的职能、权责和利益通过法律的形式固定下来，消除政策博弈，推进中央政府和地方政府关系规范化、法制化。只有这样实现生态优先、绿色发展，保护生态环境才有体制保障。目前实行的"河长制""湖长制"就是这种意义上的探索，当然还需要进一步配套完善。第二，建立科学的政绩考评指标体系。激发地方政府推进产业生态化的动力，要探索建立符合科学发展观要求的政绩考评指标体系。政绩考核不仅要看经济增长指标，还要看人文指标、资源指标、环境指标等，要更多地将环境资源保护、增加居民收入、提升产业结构和地区竞争力、弘扬历史文化等战略性的问题纳入考评指标体系中，从思想观念和实际运作中都要废止凸显 GDP、财政收入等个别指标的政绩考评体系和做法，从而不仅在区域经济发展上，而且在环境保护等公共产品的提供上，充分发挥出各级地方政府的作用。产业生态化的成效反映在环境与资源指标上，要把环境和资源指标作为硬要求纳入政绩考核体系。现行的 GDP 核算不包括对资源存量和流量的统计，不能反映经济增长造成的生态破坏、环境污染的代价，对资源的使用也没有计价，看重 GDP 必然导致对环境资源的滥用和忽视。2017 年 6 月，中央全面深化改革工作领导小组会议审议通过了《领导干部自然资源资产离任审计规定（试行）》，对领导干部自然资源资产离任审计工作提出具体要求。对地方来说，需要结合实际建立一套能够促进经济社会与环境资源协调发展的考核标准。特别是各级地方政府签订的有关环境资源的责任书，要严格考核，严格奖惩，以发挥应有的导向作用。第三，建立迅速有效反映公众利益诉求的渠道。

4.3 产业生态化动力因子分析

4.3.1 法规因子

由于产业生态化具有明显的外部性，使得企业在决定采用何种生产方式时，往往只从企业自身利益的角度去衡量成本和收益，而对此产生的社会后果却没有或没有完全折算成与企业有关的成本和收益。而且在竞争压力下，企业即使意识到其生产活动会给社会造成负外部性，只要其行为不受到社会的严厉惩罚或者受到的惩罚不超过其行为带来的利益，也往往会置之不理，将该负外部性转嫁给他人和未来。由于过度开发利用资源环境的代价不由或者不完全由污染企业承担，它们将没有积极性和主动性去投入资金保护自然资源、防治环境污染。

同时，我们可以看到，采用传统模式生产的企业在短期内竞争力强、在长期内竞争力弱，而采用产业生态化生产模式的企业在短期内竞争力弱、在长期内竞争力强，其转变的根本原因就在于政府对传统生产模式的惩罚、限制和对产业生态化生产模式的鼓励、推行，政府起着强大的导向性作用。由此证明，在产业生态化过程中政府出面干预和补救"市场失灵"的必要性。政府应当旗帜鲜明、切实可行地从各个渠道干预，引导企业朝着产业生态化生产和保护生态平衡的方向发展，对于违反的企业，要严厉地惩罚和严格地限制，唯有如此，才可能有根本性的转变。

4.3.2 政策因子

政府宏观调控机构通过政策激励的引导，对市场利益关系进行调整，使各经济主体作出有利于实现宏观经济目标的决策。政府的政策激励可分为刚性激励和柔性激励。所谓刚性激励，是指政府需要不断加强命令控制型政策的实施力度，以激发企业基于自身节能减排压力的绿色创新需求。对废物专业处理企业而言，则可刺激其进行资源化领域的绿色创新需求。刚性激励还包括政府部门组织的相关评价、评比等。在柔性激励方面，首先，通过公共财政的投资方向和投资力度的调整，将公共财政的投资更有针对性地向生态技术创新、生态产品研发与设计方向倾斜。同时，紧密结合技术研发政策，以基金招募的方式鼓励以企业为中心的企业内部研发团队建设、企业群同大学和研究机构间的生态技术研发。其次，通过实行税收与贷款优惠的绿色财政政策，适当加大企业研发费用加计扣除的比率，对拥有技术开发合同和技术转让合同的企业在此基础上进行所得税与营业税的减免，对合作研发节能减排环保项目的企业也实行税收减免。同时，对开展上述绿色创新活动的企业在创新贷款方面予以政策放宽。最后，通过加强政府绿色采购的力度。在政府采购的产品与合作的企业中，优先选择绿色创新科技含量较高的产品、绿色创新能力强以及社会责任履行口碑较好的企业。

4.3.3 资源约束因子

资源的稀缺带来的约束作用不可低估。卡伦堡生态工业园企业之间的共生合作最初原因就是淡水资源的缺乏。自然资源价格的上升，单个企业的最优选择是：其一，通过改进生产技术，提高资源利用效率，用技术进步替代资源消耗量；其二，提高对生产中副产品和废弃物的综合利用强度；其三，使企业向资源消耗少、生产附加值高的高科技行业转化。在这样的过程中，整个产业围绕资源进行上下的整合，使一个区域生产过程中的副产品或废弃物，转变为资源的输出进入其他部门加以综合利用，于是社会经济系统通过产业生态化，减少了资源消耗和排污治理的成本，创造了新的价值，提高了经济效益；而经济效益的提高又促进产业生态化得到更深入的发展。

4.3.4 "关键种"因子

企业园区是一定区域内所有相关企业组成的企业集聚体，园区内或多或少包括在原料、产品、能量和信息上相互关联的企业，为了各自的经济利益，企业间会选择在某些方面进行合作（如交换各自副产品、工业用水梯级利用），形成事实上的"食物链"。园区内不同类型企业的地位和作用是不同的，其中存在着"关键种"企业。这类企业在整个园区乃至整个区域内使用和传输的物质、能量规模较为庞大，带动和牵制着其他企业或行业的发展，对构筑企业共生体、对区域产业生态系统的稳定起着关键作用。"关键种"企业与园区或区域内的其他企业纵横关联密切，是产业链网的链核，因为拥有较强的资源辐射能力，"关键种"企业具有前向、后向、旁侧等连锁反应效应，能使大量个别产业发生相互关联和协同作用，带动的是企业群体的变化，从而使整个产业系统的结构发生巨大改观。

当然，对于一个园区乃至一个区域来说，"关键种"企业是否存在、其比例有多大，取决于园区或区域产业的形成方式和发展路径。换句话说就是，只有当园区的企业群体之间，或者整个区域内产业园区的特色之间，具备较高的产业生态关联，相应的"关键种"企业才能真正产生，或者说"关键种"企业推动产业生态化的动力才能真正显现。

4.3.5　文化因子

环境意识已成为一种潮流，逐渐成为人们思想意识的一部分，它不仅要求规范个人的生活方式，还要求规范社区与整个社会的生活方式和经济活动方式。

环境意识的概念是随着人与自然的矛盾加剧而产生的，反映的是人们的一种心理，是对环境的认同感。在这种心理的作用下，人们会有意识地去关注环境变化和生态平衡，并且会自觉地维护生态系统的良性发展。人们具有环境意识是实现可持续发展的基础和先决条件，也就是说，环境意识是调节、引导和控制人们行为的内在因素，只有使各类组织、群体和个人都认识到生态环境和人类生存的关系，认识到生态危机对人类的危害，保护环境才能变成人们的自觉行为。

4.4　产业生态化的动力机制

产业生态化发展动力呈现出复杂性和多样性特征。其中，人们需求的简单化日益转向需求的个性化、多样化、绿色化、高端化是产业生态化发展的直接拉动力；市场利益、政府调控以及公众的利益诉求是产业生态化发展的基本驱动力。在这些相互耦合、交互影响、彼此连接的各种动力的共同推动下产业生态化才能与自然及社会的发展逐渐走向协调。

4.4.1 环境管制机制

管制途径是一种直接的政府强力干预，亦即实施环境管制，是一种非市场途径的解决方法。政府设定强制性的环境质量指标，通过立法、规定等途径实施，让市场主体遵守，若有违反，则要么惩罚、要么关停，从而对资源环境利用进行直接干预。管制途径最大的特点和功效是能迅速有效地控制污染。政府用国家权力强制要求市场主体必须遵从政府的环境质量标准，从而促使市场主体采用新技术、新工艺、新设备进行生产和服务，减少污染的产生。

管制途径虽能迅速有效地控制污染，但从全面情况来看，由于管制过程中存在着信息不对称和"寻租"活动等问题，使管制途径的管理"失灵"不可避免，并最终影响到产业生态化外部性问题的解决。

4.4.2 成本效益机制

企业的本质诉求是利润，参与推进产业生态化的意愿从根本上说，产生于外部的压力和内部的利益驱动。企业在对其经济利益的追求过程中形成的促动机制，这种追求是在市场经济条件下形成的。其形成的基础是经济利益，因此，经济利益是市场得以运行的原动力，是市场运行机制的核心。具体包括以下三种。

（1）降低成本。成本因素在传统产业系统向产业生态系统转型的过程中起着非常重要的作用，追求低成本是系统转变的主要动力，合理利用成本杠杆有助于产业系统生态化的进程。企业建立产业共生关系，构建产业生态化，上游企业的生产副产品可作为下游企业的原材料，本来是运送到垃圾填埋场的生产废物，经过一定的回收和处理又变为另一家企业的生产原料，大幅度地降低原材料的采购成本。一般地，以这种方式获得的原材料价格都是非常低的，有些甚至是免费的，这有助于企业降低原材料的采购成本，对企业具有极大的吸引力。

随着社会或周围社区对环境保护的重视，企业对自己的生产废物处理标准越来越严格，处理成本也相对增加。特别是对于一些化工、机械、能源生产企业，它们的生产副产品一般要占很大比例，废物处理费在成本中占比也很高。因此，满足环保要求、降低副产品的处理费是产业生态系统从最初出现到发展的重要原因。通过与相关企业建立工业共生关系，许多副产品有成为下游企业的生产原料，这对上游企业来说不但节约了处理这部分废物的成本，反而还会给企业带来一定的收入。

（2）价值链演进。产业链条中的各个主体之所以能够相互协作构成一个整体，最重要的原因之一就是对于绩效的追求，即对产业链终端产品的价值增值的追求。产业链产品从原料到中间产品再到最终产品的销售，每一个环节都必须有价值增值的过程，无论哪个环节的价值增值出现问题都会导致产业链的中断，而产业链的延伸与扩展的程度也会随着产业链产品价值增值的提高而进一步加深，新的主体会不断加入，主体之间的关系会更加复杂，产业链的升级会更加迅速。价值动因，成为产业链演进的重要内部机制。

（3）规模效益。规模经济是指随着生产能力的扩大而导致生产批量扩大，从而使生产的单位成本下降、收益上升的一种规律现象。在因企业共生而形成的产业生态系统内，产业共生发展到一定程度，也会获得这种规模效益。例如，在集中式的产业生态系统生态工业园中，对于单个的企业来说，并无规模经济效益可言，但园区内许多中小企业在生产的密切联系上形成了一个类似于大型企业的"联合型大企业"，在供给和需求的博弈中获得了"准规模经济效益"，产业共生体作为一个整体获得规模效益。

4.4.3 产业集群机制

产业生态系统的形成、发展，也会给系统内的企业带来范围经济。从经济学上来说，范围经济指的是对多产品进行共同生产相对于单独生产的经济性，指一个厂商生产多种产品对生产要素共同使用而节约的成本，从而获得一种范围经济效益。在企业之间因共生的形成，在基础设施方面，如生产用水、暖、气等能源方面以及副产品的回收与处理方面可以通过协商或第三方经纪人进行统一规划、处理，杜绝了单个企业在非共生的情况下各自重复建设，浪费严重的现象，提高了资源的使用效率。另外，在共生的系统内，企业间的分工细致，且积累了多种多样的产业技术要素，这使各种要素间的组合或分工成为多种多样且灵活多变。这是僵化、非效率的分工所不具备的。由此又衍生出产业集群的经济效应。

产业集群的基本含义是指某个领域内相互关联的企业与机构在一定的地域内相互关联的企业与产业关系在区域内集聚，形成结构完整、联系互动、交互创新的有机体。产业集群是产业发展过程中的一种地缘现象，即某个领域内相互关联（互补、竞争）的企业在一定的地域内连片，形成上、中、下游结构完整（从原材料供应到销售渠道甚至最终用户）、外围支持产业体系健全、具有灵活机动等特性的有机体系，成为区域经济发展的主要动力现象。

产业集群是实现产业生态化的重要平台和最佳途径。美国哈佛学者波特（Porter）把产业集群定义为：在特定领域中，一群在地理上集中且有相互关联性的企业、专业化供应商、服务供应商、相关产业的厂商，以及相关的机构（如大学、标准的制定机构、产业协会、智囊团、职业培训提供者和贸易联盟等）构成的产业空间组织。我国学者认为产业集群是某一产业领域相互关联的企业及其支撑体系在一定地域内发展并形成具有持续竞争优势的经济群落。单个企业发展循环经济虽具有稳定和高效的特点，但毕竟存在一定的局限，当企业自身的副产品利用存在规模不经济时或企业本身不具有循环再生某种副产品的技术时，就会形成企业的一些生产环节中产生的副产品无法为企业再生利用的情况。

作为提升区域经济竞争力的产业集群应成为承担产业生态化的重要依托。一是产业集群的外部规模经济和范围经济效应为产业生态化提供了得天独厚的优势，在市场经济条件下企业的第一目的是追求微观效益最大化，即单位产出成本消耗最小化，实现规模经济是达到这一目标的重要出路，没有规模经济就不可能实现单位产出的资源消耗最小化。地域化规模经济网络可以实现循环利用资源的区域性规模化，从而实现产业生态化在地域上的规模经济。二是产业集群本身的组织结构为产业生态化奠定了良好的基础。单个企业开展清洁生产具有一定的局限性，总会产生无法消耗的部分废料和副产品。以产业集群为空间组织形式发展循环经济，实质上是在集群中完成生产者、消费者、分解者的专业化分工，将一个经济单位产生的副产品作为另一经济单位的投入要素，通过产业链的纵向延伸和横向连接形成生态工业链网，从而有效地提高了资源利用率。三是产业集群内公共设施的共享可以有效降低集群内单个企业的废弃物处理成本。每个企业在生产中都会产生各种废弃物，由于废弃物的量不足以达到规模化处理的最小规模，建立内部独立循环在经济上没有可行性。产业集群通过构建废弃物综合利用和无害化处理中心（市场化的专门企业）可以将企业的治污成本大大降低。四是集群内部运营成本和交易费用最小化，是增强企业共生网络抗风险能力的基础，也是提高生态共生网络柔性程度的主要方法。总之，在产业集群内部采用副产品交换、清洁生产等技术实现物质闭路循环和能量多级利用，提高集群产业关联度，形成产业间的横向耦合、纵向闭合的共生关系，是发展循环经济、实现产业生态化的重要平台和最佳途径。

依托地缘与产业关系在区域内共生互动达到包括知识外溢、信息共享、规模经济、成本降低、树立品牌等多方面的优势。区域内不同产业间的集聚着眼于经济的正外部效应，由于产业集群所特有的集聚优势和产业同质性，传统经营模式下不同程度地造成了资源紧张与集群污染。在正外部效应约束下的生态产业集群应该是特定区位内各种因素的有机结合，达到资源循环利用、高效利用的新型产业集群。在实践中可以采取如下模式运行：①衍生。从某个或多个主产业衍生出多种副产业，对资源实现循环利用和综合利用，把主产业或其他副产业的排放物转化为再生资源，使之在集群内部重新得到利用。该模式下首先发展主导产业，当主导产业发展到一定程度时相应副产物跟进，促进相对完整的资源循环利用体系。②共生。区域内具有相互联系的主导产业在优势互补基础上进行产业集群，达到范围经济效果。产业间是共生关系，每个产业的存在都会为其他产业带来相应的收益。③循环。区域内的不同产业间紧密联系，构成相对较完整的循环经济体系。这是在经济发展到一定程度时对主体产业形成的废弃物进行资源化而形成的产业，使资源由原来模式下的单向使用转变为循环使用。不但扩大了生产对象的范围，而且也实现了生态环境的保护，从根本上实现产业生态化。

4.4.4 技术创新机制

有人提出，技术进步与创新是产业生态化发展的动力来源之一，笔者并不苟同。技术进步与创新对于产业生态化无疑具有十分重要的意义，但不能作为产业生态化的推动力。由于产物代谢路径的多样性以及市场微观主体的逐利性，技术的进步或生态技术水平的提高并不一定保证废弃物排放的减少或对环境损害的减轻；还由于技术应用的路径依赖，新的更有效的技术并不一定就能及时得到应用，因此，与其说技术的进步与创新是产业生态化的动力，远不如说是产业生态化的能力建设来得准确和有意义。人们需求的简单化日益转向需求的个性化、多样化、绿色化、高端化是产业生态化发展的直接拉动力，但要满足这样的需求，必须通过技术创新。通过产业生态技术不断进行创新，产业污染防治的产业技术由过程末端处理向清洁生产转变，对产业发展中废弃物利用循环经济模式进行重新再综合利用，为实现产业生态化的发展模式提供了技术支撑。

4.4.5 自我增强机制

不可否认，随着时代的进步，企业和企业家群体也在不断地增强社会责任感、不断地产生较为高尚的道德形象追求，包括对于生态环境的保护意识和自觉性。这在客观上形成了推动产业生态化发展的自我增强机制。

（1）竞争刺激。由于竞争的优胜劣汰机制作用，企业要生存、发展，就必须始终保持旺盛的活力，使企业自身不断得到优化。鲁雁用生物种群的Logistic 模型来刻画同质产业间的竞争，论证了为了实现从市场竞争中获得更多的垄断势力，提高本产业核心竞争力，那么产业应该适应消费者绿色产品的需求及生态消费观念，寻求产业生态化及可持续发展生态模式。而且由于产业自然资源适用的边际成本可能上升，特别是那些不可再生的产业资源，而通过产业生态化就可以减少废物排放，对废弃物循环利用，实现资源的节约及成本的降低。

（2）提升企业形象与声誉。良好的声誉是企业所拥有的独特资源，它能在企业经营的各个方面提升企业的竞争力。但是，企业声誉的培育、积累非常不易，而损毁却很容易。因此，对于任何一个致力于长期持续发展的企业而言，加强企业声誉管理，使企业声誉得到有效的培育、积累和维护十分重要。互联网带来的沟通便利，极大地降低了以往的信息不对称。一些以往可以控制在一定范围内的"隐秘"的商业事件，在无孔不入的互联网面前无所遁形。一些负面新闻可以在几个小时内传遍大江南北，而网民并不如传统媒体那般容易受到企业和公关公司的联合压制或贿赂。企业声誉之所以受到关注，还因为整个商业世界对于企业社会责任、企业公民理念的关注。企业社会责任倡导一种新型的商业理念，即不以牺牲环境与社会利益为代价来获取利润，在开展商业活动的同时还要承担相应的社会责任。企业公民理念则更进一步，要求企业的经营能够同时回报各个利益相关方——股东、员工、客户、合作伙伴、资源与环境和社会，要同时在所有这6个方面实现盈余。正是在企业社会责任和企业公民理念的驱动下，更多人开始关注企业自身的行为而不仅仅是企业的产品品牌。而企业富有社会责任感的举动，或者好的企业公民行为，则会帮助企业树立良好的企业形象，建立良好的社会声誉。

（3）改善与周边社区的关系。企业与社区无论从天然地理还是经济人文方面都有着相互依赖的共生关系。首先，社区是企业所处的一定区域，是企业生存和发展的自然根基和社会根基。企业与社区的关系就好比鱼儿与水的关系，鱼儿离不开水，企业一样离不开社区，与社区保持良好的邻睦关系是企业赖以生存、发展的土壤，并构成了企业外部公共关系工作中不可忽视的重要一环。其次，根据企业公民理论以及利益相关者理论，企业作为社会、社区的一员，其生产经营活动对社区会产生一定影响，包括利与弊。趋利避害，是企业应该努力做到的。企业或园区自觉推进产业生态化，承担加强环境保护的社会责任，对改善与周边社区的关系是首当其冲的。

| 第 5 章 |
区域产业生态系统的培育

产业生态战略管理的关键在于是否能够构建并且有效运行区域产业生态系统。区域产业生态系统与自然生态系统的本质区别在于，前者除了具有物流、能流、信息流之外还有价值流，而其中，价值流又起到支配作用。从严格意义上说，区域产业生态系统是不能被规划的，即它不可能像设计一台机器那样设计，因为规划者不可能考虑到系统的每一个要素、细节和行为，尤其是不能预测价值流的变化。但人类社会在产业生态系统演化面前，也不是完全被动的，只能任意承受其系统演化带来的种种危害，而是可以在认识区域产业生态系统运行规律的前提下，把握产业生态化战略的核心，着力培育区域产业生态系统。

5.1 区域产业生态系统的特性

区域产业生态系统应该是一个结构合理、层次多样、功能完善，能促进物质和能量在自然—社会—经济大系统内高效循环和流动的功能体系和物质载体，具有以下这样一些特性。

（1）地域性。企业依托地域而建，本身就有着显著的地域特性。产业发展离不开具体的地域背景，产业生态系统的构建也要依据城市所在区位特点、资源优势和环境承载能力，研究在一定时空范围内重点发展什么样的优势产业，如何以竞争共生型、循环再生型等为导向确定主导产业和补充产业，以获得地尽其利、物尽其用的最优效益。应充分考量当地生态环境的容量，以地域临近原则科学规划产业结构和产业布局，合理论证产业生态系统的建设对区域生态环境可能产生的影响，优化产业系统、自然系统和社会系统在特定空间范围内的耦合关系。

（2）循环性。产业生态系统的核心是使产业体系模仿自然生态系统的运行规则，实现产业经济的可持续发展。产业生态系统不同于传统的直线生产系统，它要求在传统制造的线性技术范式基础上，增加反馈机制。在一个产业生态系统内，充分利用共生原理，改变过去的"资源—产品—废料"的单向直线生产过程模式，而转变为"资源—产品—再生资源—再生产品"的反馈式流程循环模式，这种"闭环思想"符合循环经济的基本特性，即污染废料低排放，或接近"零排放"，物质、能量梯次闭路循环使用，企业生产经营成本降低，生态效率提高。产业生态系统有三个层面的物质循环，即小循环，是指企业内部的物质循环；中循环，是各企业之间的物质循环；大循环则是社会层面的物质循环。这三个层面的循环构成了产业生态系统的三个基本类型，即生态企业、产业生态园区和区域产业生态系统。

（3）合作性。传统的产业聚集只是在一定区域内相关企业的叠加，而产业生态系统具有类似于生物群落的共生特征，是由生态产业链上企业按某种模式构成的各种合作关系的集合。产业生态系统的关键是合作机制，以及地理临近带来的协同可能性。通过企业间的相互合作，实现物质封闭循环和减量化、能量的多级利用，共同提高系统企业的生存能力和获利能力，使产业活动的负面生态影响降低和减少，实现对资源的节约和生态环境的保护。产业生态系统不但使企业之间产生共生合作关系，区域政府、社区和公众也会加入系统循环，形成多方合作的循环体系。

（4）可持续性。从经济属性来看，可持续发展是在不降低环境质量和不破坏自然资源基础上的经济发展，即经济可持续；从自然属性来看，可持续发展强调以自然资源为基础，经济发展同环境承载力相协调，即所谓生态可持续性。构建产业生态系统的终极目的是使产业活动对自然资源的消耗和对环境的负面影响降至最低水平，在降低污染、节约资源、保护生态环境基础上实现共赢发展。产业生态化的核心是模仿自然生态系统，应用物种共生、物质循环的原理，设计出资源、能源多层次利用的生产工艺流程，目标是促进产业与环境的协调发展，通过合理开发利用区域生态系统的环境和资源，使资源在系统内得到循环利用，从而减少废弃物的产生，最终实现产业与环境的和谐。因此，产业生态系统就是模拟自然生态系统的资源分工模式，本质上是资源分工的演进。在产业生态系统从低级到高级的演进过程中，产业经济与自然环境的物质转换技术、循环利用规模以及企业间合作的协调性等也在不断提升，当系统中资源的消耗和环境的排放完全满足环境的承载力时，资源消耗速度与再生速度、废弃物积累速率与净化速度之间的比例关系达到可持续的协调水平，即实现了理想的产业生态系统。

5.2　培育过程应遵循的原则

5.2.1　生态优先原则

区域产业生态化的实现必须以生态承载力为基础。我们在建设产业集群的同时必须考量该区域的生态环境承载能力，将产业的发展控制在这一范围之内。任一企业、行业或产业的存在与发展，是多种自然、社会、经济因素相互联系、相生相克、互为条件、互为因果综合作用的结果。区域产业结构的形成和发展，不能脱离本地区及其客观条件。在一定程度上，区域社会经济基础条件决定了本地区发展什么产业、形成什么样的结构。区域各种条件的有机组合，是区域产业结构形成和发展最重要的条件和基础。

产业系统除具有生态系统的物质代谢、能量流动、信息传递等功能特点外，系统内各产业之间及其与环境之间还具备相互作用、相互影响的生态性。但产业系统与自然生态系统的重要不同在于，产业系统并不具有自然生态系统的物质代谢的闭路循环特性。因而，一方面，我们可以把产业系统及其生存发展环境视为产业生态系统；另一方面，又不能仅从产业系统本身来试图实现产业生态化。必须从整体上把握产业系统内部产业之间、产业系统与自然环境、社会环境之间的关系，以生态化思维从多角度分析产业生态系统中各要素以及各要素之间的相互作用，推动区域产业的生态化发展。

5.2.2　系统稳定原则

区域产业生态系统的稳定性或柔韧性是区域产业生态战略管理成败的关键。从生态学角度来说，稳定性指的是两个方面的内容：一方面，生态系统对于干扰破坏的抵抗能力与避免能力，可以简称为"抵抗力"（resistance）；另一方面，生态系统在受到干扰破坏后迅速恢复到最初状态的能力，可以简称为"恢复力"（resilience）。从工程角度来说，稳定性被描述为系统受力后能维持原有的平衡位置或原有的变形状态、抵抗干扰能力，可以用恢复平衡的速度来测定这种特性。因而，所谓稳定性或柔韧性指的是处于平衡状态中的产业生态系统在干扰出现的情况下，保持或恢复自身当前状态的能力。构建区域产业生态系统应该尤其重视对整个系统稳定性的控制与管理，尽量规避风险，合理规划，并且加强在受到外界不利因素的干扰之后维持并迅速恢复自身结构和功能的能力。从产业生态系统外的市场性因素和系统内技术性因素对生态产业链的不稳定性进行分析，可分为两个方面：交易性不稳定和非交易性不稳定。交易性不稳定的主要原因是交易成本过高。对于生态产业链的企业来说，形成稳定交易关系的交易成本主要是信息成本，企业要在市场上从无数的企业中寻找到完全满足其生产需求的大批量、连续性和质量稳定的交易伙伴的副产品，要付出巨大的信息成本。非交易性不稳定因素主要源于产业生态系统本身的不确定性，包括生态系统自身的复杂性、制度的不完善性、技术运用的不成熟和收益不确定性、产业规制的滞后性，这种不确定性会影响到产业链的稳定性。在我国经济快速发展的背景下，稳定性问题就更为突出。但将产业生态生态系统的构建和运行置于区域产业生态战略管理的框架下，在产业生态系统培育和运行过程中，动态调节产业的主导性和多样性、开放性与自主性、灵活性与稳定性、发展的力度和稳度的关系，使资源得以高效利用，完全可以使问题得到良好解决。

5.2.3　遵从市场原则

产业的产品和服务作为商品具有两种属性，即使用价值和价值，它们分别由产业系统的两种功能赋予，使用价值是物质转换功能赋予的，通过适当的工艺和设备将选择的原料加工成有使用价值的产品和服务，为自然属性。价值由经济增值功能赋予，只有在市场交换中才能体现出来，为社会属性。产业生态化的本质属性要求其经济增值功能和产品与服务的价值，最终必须通过市场来实现，也必须遵循市场原则。在对经济发展、科技进步、消费需求等现状及变化预测的基础上，结合区域资源禀赋，以市场有效需求为导向，规划产业发展方向，制定相应政策并保证这些政策的有效实施。

5.2.4 人力开发原则

产业生态系统必须十分注重充分发挥人才的主观能动性与自觉性，强调人的主动参与。产业生态化是为了当代和后代享受更多和更可持续的福利，与其基本利益不相冲突，其中必须全力避免阻碍增加劳动力就业机会。产业生态化其内在本质要求技术的进步和就业并行不悖。通过技术、文化、理念向各产业部门深度渗透；通过经济活动不同层面上合理规划、组织和管理，以人力资本代替自然资本；以更好更全面的服务代替物质消耗；同时通过不断提高资源产出率，代替与提高劳动生产率这一传统的生产力指标，以提高经济效益，创造更多的财富和利润增加而不是减少就业机会。实际上，产业的生态化转型可以为社会创造许多新的就业机会，而且通过合理安排和充分利用人力资源，可增加而非减少每个企业的劳动力需求。例如，通过增加企业内部第一和第三产业的比例，特别是售后服务、循环再生、研究与开发及教育培训业务等的扩大，增加对劳动力和智力的需求，既提高了物质和能量的利用率、保护了环境，又为企业创造了利税，同时也增加了就业机会。

5.3 培育途径与方法

5.3.1 划定红线，科学规划

区域产业生态化的实现必须以生态承载力为基础。生态承载力强调特定生态系统所提供的资源和环境对人类社会形态良性发展的支持能力，是多种生态要素综合形成的一种自然潜能。与其他能力一样，它既可以发展，也可以衰退，取决于人类的资源利用方式。在一定生态承载力的基础上，可以承载的人口和经济总量是可变的，取决于人口与生产力的空间分布、不同土地利用方式之间的优化程度以及产业结构与产业技术水平。我们进行产业规划必须考量该区域的生态环境承载能力，将产业的发展控制在这一范围之内。具体来说，就是完成区域生态承载力测算；完成区域的产业结构和布局现状评估，完成基于区域生态功能格局的产业适应性评价；完成区域产业生态系统物质流和能量流分析；设计区域产业生态链网，优化构建区域的产业生态化运行模式；基于区域产业特质和产业生态系统特征的区域产业生态化指标体系。在此基础上，科学做好规划，要遵守生态优先的原则，设定并严守资源消耗上限、环境质量底线、生态保护红线，也是生态环境安全的底线、上限和红线。要站在生态文明建设的战略高度，在生态功能、环境安全、资源利用等方面，严格划定空间边界与管理限值，实行最为严格的生态环境保护制度，建立更高要求的监管监测体系，促进人口资源环境相均衡、经济社会生态效益相统一。具体做到：

第一，产业结构最优化。产业结构最优化是指通过不同生态绩效水平产业的交替发展、产业间生态关联程度和协调能力的提高，促进生态要素在产业间合理配置与流动，提高生态要素生产率及其增长率，既包括产业间结构的优化，又包括产业内结构的优化。区域产业结构优化既受宏观高层次区域的控制，又牵动着较低的层次。从空间上看，区域产业、结构是一个开放性的，是全国产业结构的一个有机组成部分，一方面其形成与发展受全国乃至世界宏观经济的促进、限制和约束，需要与地区内外进行合理的产业分工，进行地区的产业空间协调，而使地区产业结构调整既有分工，又有合作；既建立在各自较占优势的基础之上，与全球化、多元化、生态化、信息化国际大趋势接轨的高起点、新思路、阔视野接轨，又能形成整体性强的国内与国际竞争力，以达到总体最优的目标。

第二，产业组织共生化。产业共生是一定地域范围内的企业为提升竞争优势而在资源利用和环境保护方面进行合作的一种经济现象。产业共生体系是一定地域范围的企业、企业间共生关系的集合。产业共生最初是希望通过建立企业间的"废物关联"来实现产业系统的物质闭路循环和能量的梯级利用，这种特定背景给产业共生留下了"副产品再生利用"的烙印。从本质上讲，产业共生是生态产业体系中企业的一种优化组织形式，尤其是企业与企业之间在环境保护方面的合作机制。产业共生组织使企业在减少对环境产生负效应的同时产生巨大的范围经济，其产生的经济效益高于各企业单独生产的经济效益，使共生系统中的产业组织更具有竞争力，从而进一步促进区域产业生态化的实现。构建产业共生的组织形式，形成新型的产业共生网络运作模式。

第三，产业布局集群化。区域产业生态系统的稳定性是区域产业生态化建设成败的关键。建设区域产业生态系统应该尤其重视对整个系统稳定性的控制与管理，尽量规避风险，合理规划，并且加强区域产业生态系统在受到外界不利因素的干扰之后维持并迅速恢复自身结构和功能的能力。合理的发展方式应是在区域产业自组织行为的基础上，由政府进行适时的补位和归位。例如，在产业集聚的伊始阶段，政府可以通过投融资体制改革、税收优惠措施对各类企业给予特殊的引导、补贴和扶持，逐步形成"政府引导、企业参与、市场运作"的区域投资增长机制，从核心企业开始，逐步延伸到主导产业，全面发展辅助产业和附属产业，不断降低产业集聚产生的风险，合理引导其发展方向。而当产业集聚到了一定程度时，政府的职能应更多地体现在建立和完善生态型产业集群的支撑体系的建设方面，如不断完善产业集群内的基础设施建设，包括水电、通信、交通等领域，打造一个信息公开、透明的产业发展环境，提升附属产业的服务配套层次与品质等。同时，倡导以政府、企业、高校与研究机构相互合作的方式，共同开发相关技术、引进和培育大批相关人才，打造良好的集聚环境，有效推动集群功能的自我完善与发展，在顺利实现产业集聚过程中使政府干预逐渐弱化。

第四，产业模式绿色化。产业模式绿色化是一项系统工程，需要在三个层面上将节约资源、保护环境纳入产业生产系统中：①推进企业实施清洁生产。一方面，通过延伸生产者责任以强化产品和服务的生态化设计，从而实现生产产品及服务的安全性、环保性及资源投入最小化；另一方面，通过企业自身生态化技术创新或租赁其他企业的生态技术与设备，采用少废、无废的生产工艺技术和清洁能源实施清洁生产，从生产的源头控制环境污染。

②效法自然生态系统共生循环法则，推动生态工业园区建设。在园区产业系统中导入具有"废物资源化"技术的企业，并通过一定方式在生产工艺流程上建立企业合作关系，让一个企业产生的废物成为另一企业的原料，把原来线性的生产过程转化为"网状"的生产过程，使物质资源与能量在"生产网络链"的各个环节之间闭合循环，从而实现物质能源的梯级利用、循环利用，达到"节能、降耗、减污、增效"的目的。③培育废弃物专业处理企业。

5.3.2　搭建平台，引导培育

区域产业生态系统是一个开放复杂的巨系统，具有开放性、非平衡性、非线性、多元化和涨落等特性，要充分依据产业生态学、运筹管理学和环境资源等理论，借助现代计算机技术、经验丰富的专家群体和高级管理团队的参与构建系统培育平台。构建这样的平台，不仅利用集成数据库、数据仓库、web技术和GIS技术在内的计算机智能，而且也要充分结合各方专家和高级管理者的智慧和经验，把人的智慧、计算机的智能和各种数据、信息有机地结合起来，构成一个统一的、人机结合的巨型智能系统和问题求解系统。在构建的平台中，依据建立的区域企业的基本信息、产品/副产品/废弃物信息、环境资源信息、宏观经济、技术信息和空间信息数据库，分析区域内产业技术和污染物排放的动态发展趋势，生成决策信息，为区域内管理部门进行污染物排放、管理和综合利用提供决策信息依据；为区域废物交易和循环利用进行最优化分析，对区域生态链和生态网络构建进行自动评估和最优化分析，进而寻求经济、技术和环境有机统一的补链和构链途径。这是平台构建的最终理想状态，因为平台本身需要一个培育和发展过程。具体要做到：

第一，对区域产业生态布局全生命周期数据进行采集与处理。利用北斗、GIS、视频监控、物联网传感器以及企业产品数据库等对产业生态全生命周期进行数据采集，建立数据与信息标准体系，通过云技术进行处理存储。

第二，建立大数据驱动的产业生态链图谱。基于区域产业生态链网设计与优化理论模型，通过大数据进行数据挖掘与分析，对上述数据进行特征提取并建立数据之间基于对象、基于时空的产业生态布局关联关系，构建大数据驱动的产业园区、企业、产品的生态链关系图谱。

第三，区域产业生态布局智能评估与决策支持。基于区域产业园区数据、企业数据、产品数据、关系数据等模型，依据区域产业生态优化理论，利用信息科学与工程技术，开发区域产业生态布局智能评估与决策支持系统，实现大数据驱动的产业生态评估、大数据驱动的产业生态流程设计、大数据驱动的产品资源生态循环、大数据驱动的产业生态布局智能决策支持。并且，实现产业生态布局数据可视化呈现。

一方面，这能比较明确地呈现区域对产业发展的适应性和限制性，检视全球范围内相关企业在本区域投资发展的可能性，为区域的产业链成长与壮大、对地方的招商引资提供路径指引；另一方面，定量、半定量甚至定性地确认区域产业链网的缺损或薄弱环节，以及补足或完善这些环节的企业后，预测对区域产业经济和区域生态环境的影响。

5.3.3　点—线—面—体，协同推进

实现区域的产业生态化，仅仅从自然生态规律的模拟是不可能的，因为产业发展的核心动力还是经济性，单纯对企业强调环境保护的社会责任可以有效，但极为有限。我们认为，遵循着"点—线—面—体"这四个实践层面，才是实现区域产业生态化的可行路径。其中，"点"指的是重点企业或者重点项目，特别是具有示范带动作用的龙头企业和龙头项目，企业是产业生态化的最终实践者；"线"指的是生态产业链的构建；"面"指的是产业之间的融合，形成产业共生网络；"体"就是区域产业生态系统。

（1）从"点"切入：重点企业的生态化。

对整个产业生态系统而言，首先要考虑系统整体功能、结构和利益实现，结合系统所在区位特点、区域资源优势和环境承载能力，在一定时空范围内重点发展 1~2 个优势产业，这也是所谓的"关键种企业"。"关键种企业"对于产业共生体的形成有着不可估量的作用。"关键种企业"在企业经营中起着核心作用，对从事石化、冶炼、机械等能源生产行业的大型企业都能达到生产材料自足，其他企业对其提供的副产品供应量充足而稳定，因此，与其合作的企业则主要为它提供产品原材料或更为廉价的副产品。一个有影响力的企业进入生态工业园区，会带动上下游的企业向其靠拢。随着大量资源

的进入，会形成集聚效应，越集聚其规模越大，其上下游的企业来得就越多，生态产业链就变得越复杂，生态工业园内的工业共生网络也就越容易形成，整个生存与发展的环境就会越有利。

与此同时，确定系统内产业种类的多样化发展目标，优势产业及补充产业的确定应以竞争共生型、循环再生型、功能补偿型等为发展导向。可以从企业内部清洁生产、污染治理以及技术创新研发方面等进行改善。"减量化"的企业生态化发展模式，即企业内部的生态化模式，是指企业在生产、流通和消费等过程中通过实施清洁生产、技术创新等方法，减少对资源的消耗，自行处理废物或资源再循环使用。这种发展模式鼓励企业进行技术升级，采用新技术和新设备，在保证经济效益的基础上，降低碳排放。企业按照自然生态系统的模式，在其内部组成一个"资源—产品—再生资源—再生产品"的物质循环过程，使企业生产、消费过程不产生或者产生很少的废弃物。

对于园区的每个企业而言，必须要求其不断改进设计、使用清洁的能源和原料、采用先进的工艺技术与设备、改善管理、综合利用等措施，从源头降低污染，提高资源利用效率，减少或者避免生产、服务和产品使用过程中污染物的产生和排放，以减轻或者消除对人类健康和环境的危害。对工业园区的企业强制实施清洁生产审核，建立污染物深度治理门槛，工业污染物排放治理做到"三集中"：集中处理废水；集中治理大气污染；集中处置和处理大宗固体废物。

（2）突出主"线"：培植生态产业链。

产业生态化是需要构建内部的产业链，将各分支和运转程序，相互有机地结合起来，同时提高资源共享率。产业链是产业生态化的灵魂所在，因此，产业生态化能否顺利实现便体现在产业链的建立之上。产业链的重要内涵称为供需链、价值链、产品链、技术链和空间链，产业链的发展是一个动态协调的过程，产业链的发展和升级始终围绕的核心问题是提高产业链各个节点的效益和效率，表现为产业链的收缩和延伸，以及产业链价值分布、空间布局、供需关系等特性的改变。由于技术创新、政策管制等因素的影响，产业链整合是产业发展的常态，尤其是20多年互联网、大数据、人工智能广泛深入的影响，导致许多产业链发生了深刻的变化。

依据自然生态的有机循环原理，将不同的工业企业、不同类别的产业之间形成类似于生态链的关系，一个产业的废弃物可以变为另一个产品的投入品，从而实现人类的生产和消费活动由线性开放系统向循环封闭系统转变。将产业链上的参与者及它们之间的相互作用纳入产业生态化的分析范畴，集成、评估和管理绿色产业链是推动产业生态化发展的重要手段之一。在价值链、企业链、供需链、技术链和空间链这五个维度实现产业价值最大化和产业价值分割的动因驱动下，在宏观、中观和微观三个层次之间进行相互对接的均衡过程中形成了产业链，重组产业生态结构，建立比较完整的产业生态链。重点发展以高新技术为基础的环保产业与绿色产业，才能建立起产业与环境之间的有机联系，实现经济与环境的和谐发展。产业结构的调整并不只是单纯调整三大产业的比重，还必须进行更深层次的产业生态结构的重组。通过对产业生态结构进行重组，可以建立一个比较完整的产业生态链，在这条产业链中，生产者、消费者和还原者形成了一个封闭的循环利用圈，为建立区域产业生态圈提供了结构支持。加强集群上下游企业合作、资源共享等。将集群企业产出的副产品、废弃物经过修复、再制造后继续在其他企业内部或关联企业间流通使用，上下游企业建立一条绿色产业链，保证集群生态化发展。

对一定地域而言，产业链的形成可带来区域经济的增长；产业链接通有利于提升区域经济综合竞争力；产业链区际延伸为消除区域市场壁垒提供了可能，也为统筹区域发展提供了现实途径，可实现城乡协调发展。对于微观主体产业中的诸多相关企业而言，以互惠互生、协调合作为主的产业链模式能大大缩短产品的开发周期，降低生产成本和交易成本；能促进专业化效应的产生，提高市场份额和盈利能力；并缓和了协作关系中原来固有的问题，避免增加纵向一体化的不灵活性和管理上的复杂性，从而使企业获得更多的利益，因此能够提升产业链成员企业的竞争力。

一个健康运作的生态产业链应该是稳定或是具有柔性的，产业链的稳定或柔性具体表现为能够抵御各种风险，包括经营管理风险、维护风险和或有风险，抵御风险能力的强弱不仅决定了这条产业链能否长期健康地运作下去，而且对整个区域产业生态系统的稳定性产生十分重要的影响。区域发展过程中通过"择商选资""配对招商"形成纵向延伸的产业链，即核心企业通过向产业上游和下游的扩张而形成产业链，这种"食物链"纵向一体化形成了类似自然界"生态链"的产业链，链上企业以原材料、中间品、副产品或废弃物为纽带，上下链接、多向联系，实现了生态绑定，最大限度地提高资源使用效率、降低甚至实现零废弃物排放，从而实现产业的生态化发展。

（3）"面"上联网：区域产业共生网络。

产业共生网络是指由各种类型企业在一定的价值取向指引下，按照市场经济规律，为追求整体上综合效益（包括经济效益、社会效益和环境效益）的最大化而彼此合作形成的企业及企业间关系的集合，是构成产业共生体的必要条件和核心内容。产业共生体系则是有产业共生网络及其依存环境（资源禀赋、制度安排、技术进步等）所构成的整体。在一定程度上，企业及企业间共生关系构成了产业共生网络，而产业共生网络及其依存环境构成了产业共生体系。

产业共生最初是希望通过建立企业间的"废物关联"来实现产业系统的物质闭路循环和能量的梯级利用，这种特定背景给产业共生留下了"副产品再生利用"的烙印。从本质上讲，产业共生是生态产业体系中企业的一种优化组织形式，尤其是企业与企业之间在环境保护方面的合作机制。

共生机制是构建产业生态系统的基础，它决定了生态产业群的结构。仿食物链网的形式、对不同产业和行业之间横向耦合，集生产、流通、消费、回收、环境保护及能力建设为一体的产业共生链网，为废弃物找到下游的"分解者"和"利用者"，使各企业的各种废物在不同行业、企业间利用，建立物质的多层分级利用网络，新的物质闭路循环，实现生产过程中完备的功能组合，疏通物流、能流、货币流、信息流及人力流渠道，使之更为合理。在实施此类耦合时，还应注意无害化，即生产与废物处理的利用过程和结果，无害人体与生态系统健康；并促使产业化，形成产业或成为产业中有机组分；还要系统化，将耦合的几个环节相互联系，相生相克、形成系统，使之社会化，非割裂地、孤立地仅用某一环节、措施或技术。目前，已设计并部分实施的生态产业园以及现在一些地方的某些农、工、商"一条龙"的综合企业，就是这类耦合。当今环境保护的一个难题就是工厂和周边农村、自然开阔地以及居民点间污染与反污染的冲突。如果工厂与周边农场、社区及自然保护地形成一个空间连续的经济和行政实体，工厂就会自觉节制其环境破坏行为，自觉保育其管辖区域内的生态环境。产业生态学不仅研究产业生产过程及产业和产业间的耦合关系，更关注产业系统与自然系统及社会系统间在特定空间范围内的耦合关系。区域耦合是仿生态系统形式，通过对一定地域空间内不同生产部门、居民点和自然生态系统之间的物质能源代谢、空间格局及人类生态关系的优化，联系与协调一个产业区与区外相关的区域及自然和人工环境，形成优势互补、互利共生、自然生态链与人工产业链结合的复合生态系统整体，发挥整体效应，形成内部资源、能源高效利用，外部有害物质零排放或最小排放的可持续的生态综合区，尽最大可能地降低生产过程对生态环境的影响，变污染负效益为资源正效益，形成自然生态链网和产业链与人工生态链网结合的生态系统。合理、有效地利用空间资源以达到经济获利、环境质量改善和人力资源改善的目的，这就是产业生态学中的生态产业园的概念。

一方面，以互惠共生为愿景，引导产业间企业之间形成多种形式的利益共同体，通过基础设施、生产设备、营销网络等生产要素共享达成规模经济，从而减少企业沉没成本和交易成本，实现企业生产效益的提高；另一方面，推动企业间形成各种技术创新联盟，通过整合各自核心能力，合理分配合作利益，实现组织优势互补、相互依存、良性互动，提高联盟应对资源环境压力和适应多元化市场需求的技术创新能力，从而使产业间企业形成互利共赢、协同进化的横向并联耦合组织模式。

（4）立"体"推进：区域产业生态系统。

区域产业生态系统在外来价值流和内生价值流主导下，从低级到高级、从简单到复杂、从单一到多样，逐步发育和发展而来。在这个过程中，人口素质、科技水平和信息水平得以提升，反过来它们也会大大促进系统演化。区域生态系统演化的本质就是区域内物质、能量和资本的优化，从而使生态效率得以提高，废弃物得以产生价值而被循环利用。在培育过程中，要切实注重要点，加强调控。

产业规划的生态设计。产业生态规划是通过区域整体系统规划，运用生态学、系统学原理设计产业结构、产业布局及其合作网络关系，实现区域产业集群的整体优化及可持续发展。尤其是对于"新产业区"，预先的生态化布局设计、基础设施规划设计将直接决定产业的类型、规模和共生合作的有效性及可行性，对产业生态化的实现具有决定性的影响。建立系统之前，必须对周边的环境和市场需求做一个全面的调查和深入的分析，市场环境能够决定产业的运行效率和存在的价值。各类产业园区可以同时存在，相互取长补短，增加产业多样性，提升产业丰富度。同时，要能够在产业运行机制建立的初期，对产品恰当管理和协调设计，保证今后的运行稳定性。对于物料运输的渠道和方式，应当要多角度、多可能性、多方位地进行设置和定位，方式的多样性从某种角度上也能够提高物质运输的多样性和运行多样性。

产业选择设定"生态门槛"。企业是构成产业的细胞，是资源消耗、废弃物排放的直接单位。无论宏观层面的政策管制和中观层面的产业合作如何，微观层面的企业本身的清洁生产水平和生态化协作能力将对生态产业链、产业集群的生态化起到关键作用。因此，为实现产业和产业集群的生态化发展，对进入园区的企业设立"生态门槛"，对不适宜安置在本区域的企业或产业坚决拒之门外，对尽管适宜在本区域发展但所安排的园区不合适要坚决予以调整。

优化调整产业结构。最基本的是按照生态优先的原则对区域内三大产业的比例关系进行优化。具体包括以下三个方面：一是以发展生态农业为基本导向，优化农业结构，延长农业产业链，稳定农业在整个结构中的比例关系；二是利用绿色生态技术调整第二产业技术结构，加快污染产业改造，发展高新技术及环保产业，加速向知识技术密集型结构的转变，适当降低第二产业比重；三是积极发展现代生态服务业，提高第三产业所占比重，使第三产业成为高效生态经济发展的新的增长点。

调整大、中、小型企业的规模结构。支持企业间的兼并重组，大力培育产业中具有国际竞争力的大型核心企业作为产业链的"龙头"企业，通过业务外包形式发展相当数量的中小企业为核心企业进行配套生产与服务，形成"大而强"的大企业和"小而专"的中小企业相互协作、相得益彰的纵向一体化组织模式。

加快对传统产业的生态化改造。按照生态高效的要求对传统产业的发展进行重新设计和定位，鼓励企业积极采用绿色、生态技术，探索良性发展的循环经济模式，特别是对污染严重、与生态环境冲突激烈的企业加大监管力度，督促其尽快实现知识化、技术化改造。

大力发展新兴生态产业。产业结构最优化要遵循生态效益的目标，经济发展不仅要保护环境，而且要挖掘经济潜力，探索新的经济增长点。发展新兴生态产业成为必然选择，这就需要通过区域产业结构生态化发展，使区域绿色市场和新兴生态产业得到跨越发展，使生态产业成为区域经济发展的战略产业和新的增长点。

发展生态环保产业。生态环保产业是指那些保护自然资源、能源和生态环境以减少环境负担为目标而从事的设施设备生产、技术和服务的产业部门，包括污染处理设备、检测仪器等硬件设施以及废物管理、工程设计与咨询等。环保产业减少了环境的负外部性，降低了资源消耗，尤其是环保产业的技术创新，在减少生产负外部性的同时，通过提高资源效率和物质能量的循环使用增加了生产的内部经济性。环保产业的发展速度与规模直接反映了产业的生态经济效率和环境外部性问题。废弃物专业处理企业既是产业集群生态化的核心，也是区域产业生态化发展模式的关键。它使区域产业生态化摆脱对企业或产业副产品交换的单纯依赖，转而发展以废弃物专业处理企业为中心的区域资源化物资分流体系，通过与众多企业间的生态合作，使区域生产企业的信息透明化转化为废弃物专业处理企业间的信息透明化。同时废弃物专业处理企业为了提升其知名度和获取更多的利润，往往也愿意公开其供给与需求信息，从而打破了废弃物信息的"黑箱效应"。在社会层面上，倡导生态消费和大力发展废弃物回收、降解处置等"静脉产业"。

| 第6章 |

构建产业生态化技术支撑

　　产业生态化是先进生产技术和关键链接技术及废旧资源再利用技术支撑的产业形态，不是传统社会朴素和低水平物质循环利用方式下的经济形态，产业生态化需要科技和人才做支撑。如果没有技术的不断创新，没有技术上的可行性，或在现有技术水平下循环利用资源的成本很高，就没有经济上的可行性，就不可能实现产业生态化。因此，面向企业产业生态化构建技术创新体系十分必要。

6.1　产业生态技术及其体系

　　产业生态技术也称面向产业生态化的技术，其定义有广义和狭义之分。广义的包括所有能够提高资源利用率或资源产出率的技术及其集成；狭义的则指按照产业生态学和系统科学原理，把两个或多个生产过程或生产单元链接起来，形成结构和功能协调、资源和能源效率高、环境污染排放少、经济产出高效的产业共生体和复合型产业生态链网的方法和手段。从定义我们可以看出其内涵：

　　第一，使用时不造成或很少造成环境污染和生态破坏，这是产业生态技术最本质的特征。产业生态技术应力求达到低消耗、高产出、自循环、无公害的要求，力求通过原材料的最充分利用而降低消耗、通过运行过程的生态化循环控制而避免或减少污染、通过资源的科学化配置和开发而获得最大整体效益。

第二，产业生态技术应建立在现代生物学、生态学和信息科学等最新科学知识的发展基础之上。从体系结构来看，生态技术的发展主要是以生态学原理和生态经济规律为理论依据，以再生能源为主要能源基础，以生物技术、信息技术等高新技术为中心，以各种再生型或低耗型常规技术为补充，形成结构合理的整体性复合型技术网络体系。

第三，产业生态技术是重构产业生产组织的基本方法和手段。借助于产业生态技术，两个生产过程或单元形成了一个具有特定物质转化功能的产业共生体，而多个共生体则形成复合的产业生态链网。其物质流动由线性模式转变为链环状模式，从而能高效率地回收利用废旧的物资和副产品，把一个生产过程产生的废品变成另一个生产过程的原材料，保持资源利用的不断循环，使得资源、能源、投资及人力资本得到最优化和高效利用，其生产过程、产品对环境影响最小化。

第四，产业生态技术是一个技术体系。产业生态技术不是指某一单项技术，而是一个技术群，或者说是一整套相互关联的技术，不仅包括工业清洁生产、生态农业，也包括生态破坏和污水、废气、固体废物的防治技术，以及污染治理生物技术和环境监测高新技术。生态技术对高新技术的容量很大，可以说生态技术强烈呼唤高新技术。

第五，产业生态技术不以单项过程和生产单一产品的最优化为目标，而是以整个生产过程的综合性生产和多种产品产出的最优化为目标，实行非线性的、循环的生产工艺模式，实现资源的多层次利用，以及物质在工业系统中循环利用，输出的产品多样化和废物最少化。

第六，产业生态技术是一个发展的动态的相对概念。随着时间的推移和科技的进步，生态技术的内涵和外延也将不断变化和发展。也就是说，在不同条件下，生态技术有不同的内容，这就是生态技术的动态性。由于技术因素是影响环境变迁的重要原因，技术因素可分为污染增加型技术、污染减少型技术和中性技术三种类型。人们在主观上希望尽可能地采用污染减少型技术或发展生态技术，但是在客观上，技术因素的演变是客观条件作用的结果，包括经济、自然、社会、技术发展等各个方面。显然，把握生态技术的动态性，有助于认识技术因素演变的内在规律及其对环境的影响，更有助于采取合适的技术对策，在加快经济发展的同时减轻对环境的不利影响。

产业生态技术的具体类别有各种不同的表述。例如，郭守前认为，"生态化技术包括绿色技术和生态结构重组技术"。就绿色技术而言，是指能减少环境污染、减少原材料和能源消耗的技术、工艺或产品的总称。包括末端治理技术和污染预防技术。就生态结构重组技术而言，包括：废料作为资源重新使用；封闭物质循环和减少消耗性污染；产品及活动的非物质化；能源脱碳等。屠凤娜认为，同产业生态化密切相关的技术主要包括："环境工程技术、废物资源化技术、清洁生产技术、无公害高产种植技术、林农产品加工技术、产业生态化链接技术等'绿色技术'体系。"程宇航认为，现代生态产业的技术支撑体系主要包括：一是智能化的微制造科学技术；二是生态化农业技术；三是生物工程技术，主要包括基因工程、细胞工程、酶工程和发酵工程四大先进技术；四是循环经济技术，包括洁净生产技术和资源循环利用技术；五是清洁化的新能源技术；六是新材料技术；七是健康与环保技术，包括末端污染控制和治理技术等。从方法角度生态技术又可分链接技术、替代技术、减量技术、再利用技术、资源化技术。其中，替代技术就是开发新资源、新材料、新工艺、新产品，替代原来所用的资源、材料、工艺和产品，提高资源利用效率，减轻生产过程中环境压力的技术，如四氟乙烷是消耗臭氧层物质 CFC - 12 的代用品，广泛用于汽车空调、冰箱、工商制冷等领域的制冷剂，也可用于气雾剂产品的抛射剂、清洗剂，以及生产泡沫塑料的发泡剂。再如铜替代技术，采用成熟的铜替代产品，不仅为企业节省了成本，也为国家节约了能源，同时也会为消费者从价格上带来好处。减量技术就是在生产源头节约资源和减少污染的技术，如温室效应气体减量技术、二氧化碳的再利用与存储、污泥减量技术等。再利用技术就是延长原料或产品使用周期，通过反复使用来减少资源消耗的技术，如废弃纸包装回收再利用技术、废旧塑料回收利用技术、废电池的回收利用技术等。资源化技术就是将在生产过程中产生的废弃物变为有用的资源或产品的技术，如以"仿生技术"应用到城市生活垃圾处理过程中，成功研发出生活垃圾资源化、无害化、无剩余化、快速化的综合技术。

6.2　产业生态技术的特征及其创新策略

产业生态技术具有多重属性和特征，既具有一般技术的共性特征，也具有与一般技术显著不同的属性特征。

第一，链接性。或称关联性，是产业生态技术最典型的属性之一，也是区别于其他一般技术的最显著特征。正是由于具有这种属性的技术，两个生产过程或单元才形成产业共生体，否则这种共生体就不存在。从这个意义上说，链接性是判别或评价产业生态技术的基本指标之一。产业生态技术的链接性可以用产业共生体中两个生产单元之间物流强度的大小衡量。一般而言，两个生产单元交换物质的数量越大，表明该项技术的链接性越强；否则，链接性越小。

第二，资源效率与环境效应。这个特征体现在显著减少单位产品或服务的资源、能源消耗量，提高资源、能源生产率。在产业生态技术支持下，原本相互独立的产业生产过程或单元彼此之间构成了链网结构，形成了结构和功能协调的产业共生体，一个过程或单元的输出（产品或废物）成为另一个过程或单元的输入（原材料）。由于下游生产过程或单元对上游生产过程或单元输出的物质（产品或废物）进行了再加工，得到了新的产品。对于初级产品而言，其价值得到了提升；对被转化的废物而言，其环境影响和风险被消除。无论是初级产品还是废物转化，都提高了资源生产率。下游生产过程或单元由于使用了来自上游生产过程或单元的再生资源作为原料，减少了原生资源的使用量，间接地降低了原生资源开发可能带来的生态环境影响。

可见，在产业生态技术支持下形成的产业共生体，其资源利用率和资源产出率可通过下游生产过程或单元对上游生产过程或单元输出的物质进行再加工、再转化而得到提高，同时减少了原生资源的使用量和废弃物排放量，避免或减少了生态影响和环境污染。

第三，综合效果。在具有较好经济收益的同时，还能够带来一定的生态和社会效益，体现为产品增值、资源再生与替代以及再生资源产品：①产品增值效应。产业生态技术是生态产业链形成的前提条件，具有产品价值增值效应。在一个以"产品原料"为纽带形成的生态产业链中，下一个生产过程或单元以上一个生产过程或单元产出的中间产品为原料，随着生态产业链的延伸，上一个生产过程产出的初级产品的价值得到显著提升。②资源再生与替代。生产过程中产生的废物实质是未予充分利用的原材料，如果不加利用而排放，就会造成资源浪费和环境污染。在产业共生体中，废物成为资源，即上一个生产过程或单元的废物变成了下一个生产过程或单元的原料，减少了原生资源使用量，实现了资源替代。此外，相对于原生资源而言，再生资源价格低廉，在一定程度上降低了下一个生产过程或单元原料成本，同时降低了上一个生产过程或单元的外部性。③再生资源产品。原本是可能带来环境污染风险的废物变成了具有较大价值的一种新产品，本身就表明产业生态技术所具有的环境和经济效果。

技术不但具有自然属性，还具有社会属性，因此技术之间的联系不可能仅仅是按自然规律建立起来的。技术体系是技术在社会中现实存在的方式，它超出了单一工程学或工艺学的范围，把技术之间的联系同时放到社会条件下加以考察。一项新的技术发明产生后，能否在生产中加以应用，并与已有的技术联系起来构成新的技术体系，除发明自身具有实用性外，还要有一系列其他的技术条件，如与之相应的新材料、新工艺、新动力和新知识等物质上和知识上的前提。但这还是不够的，还需要有社会价值观念、文化基础、经济关系等各种条件的配合。产业生态技术体系的形成，是在社会经济条件制约下的一种特定技术要素组合，往往表现出技术先进性对技术经济性和技术生态性的妥协。体现在技术策略上：

首先，应该在系统化的基础上进行技术选择。线性经济和末端治理常常把污染技术与清洁技术对立起来，在产业生态化中这种对立将不复存在。因为只要优化物质和能量流，所有的技术都会倾向于越来越清洁。新的技术策略不能简单地构建在就单个技术而论的基础之上，也不能简单地局限于部门的技术发展视野之内，而应该在整个技术系统的层次上统筹选择。从产业生态化的角度看，人们不可能也不应该列举各种所谓清洁技术的清单，而是要把所有能减少物质消耗、封闭物质流、使能源脱碳的技术作为系统化的思考对象。

其次，技术进步应该是多阶段的循序渐进。一般而言，技术创新的策略有增量改进和间接突破两种。增量改进最好的例子是污染治理技术，如汽车大部分装上了催化净化器。但人们有加强现有技术的倾向，而这种小修小补的改进阻碍了更为彻底的技术创新。间接突破则旨在发展那些与现存技术体系割裂的创新，如以燃料电池或以氢作为汽车的能源载体。产业生态化技术策略提倡的是以技术回归为特点的策略，它要求确定未来需要达到的技术目标，然后指导现有技术向既定方向转移。技术回归策略将上述"两难"选择转化为时间相对较短且经济上可行的多个中间阶段。以能源为例，为了最终达到"氢"经济时代，产业生态化提倡可以先进入一个"甲烷（天然气）"时代作为过渡。

在技术方法论上是从做减法转向做加法。长期以来，人们生产产品的基本思路是做减法，即以某技术方式，利用最少的原料，得到所需要的产品。这种减法方法论的实质是人们还不知道在原子和分子层次上对物质施加影响，因此不可避免的结果是废料的产生。如果人们能够在分子和原子层次上掌握物质的运动，那么就能运用加法方法论制造物品，即在最合适的地方再加上所必需的物质量（分子和原子），这样，废料产生的概念和问题本身将会消失。事实上，一方面，以纳米加上分子制造为基础的生产技术可以使产业物质消耗大为降低，并控制产品在使用寿命结束后的降解和再循环；另一方面，信息替代也可以达到减物质化的目的。

6.3　构筑产业生态技术平台

对于一般区域来说，研发资源都是有限而且分散的，分散导致不同主体的竞争，并最终导致综合优势难以充分发挥。协同、联合、重整研发机构是必然选择，是通向成功的必由之路。由于产业生态技术的公益性和区域性，在推进产业生态技术创新的过程中，一个成功的做法就是建设公共技术平台，为中小企业的创新研发提供服务。这种公共技术平台，整合各部门的资源优势，弥补了单个企业或机构研发能力不足的问题。

产业生态技术创新的平台载体主要包括研发中心和实验室等研发平台载体、成果孵化基地等产业化平台载体以及科技中介服务中心等公共服务平台载体。

首先，要加强产业生态技术研发平台建设。整合和利用高校研究开发资源，由政府、企业、高校、行业组织等多元主体投入，推动产学研合作，组建研发机构、公共技术平台等，承担国家和省的科研任务，研究可减轻工业对环境影响的技术及对工业生态过程进行分析、监测和评价的方法。实施产学研联合开发工程，鼓励产学研各方发挥综合优势，联合开发关键、核心技术，合作解决产业生态发展的重大技术"瓶颈"。加大对生态化产业共性关键技术研发的支持力度，重点支持回收利用、废物资源化利用、可回收利用材料、有毒有害原材料替代、再制造以及再生资源高值利用、"零排放"等关键技术和装备的产业化示范。同时，更要鼓励支持企业以自主研发为核心，自建或与高校、科研院所联合组建产业生态技术研发中心、工程中心和技术创新联盟等技术研发机构，提升企业科技创新意识和能力，打造开放的科技创新生态系统。

其次，要加强产业生态技术产业化平台建设。科技成果转化是指科学技术成果转化为现实生产力的过程，即实现技术成果的产业化、商品化。科技成果转化体系建设和完善，有助于提高科技投入产出比，增强企业的创新动力，实现科技创新的良性循环。产业孵化基地对此具有独特的作用，应予以高度重视，加强支持与扶持，促进产业生态技术成果的产业化。形成从理论研究、实验室研究、中试研究、工程实践、持续跟踪并优化升级的科技创新的完整生态链。

加快构建以企业为主体、以市场为导向的技术创新体系是区域创新体系建设的主基调。一是突出企业的主体地位，增强企业的自主创新意识。二是加强核心技术研究攻关，增强企业自主创新能力。对于关键性急需的技术，鼓励企业加大技术创新投入力度，并在人才、信息、技术等方面提供帮助，助力企业开展核心技术研究攻关，掌握核心技术，促成核心竞争力的形成。三是鼓励企业实施知识产权发展战略。坚持自主研发与重点引进并举，建立专利信息分析系统、展开海外专利布局，申请境外专利。

良好的产学研合作机制是建立有效产业生态技术创新体系的关键。产学研合作的目的是进行科技创新，促成科技成果市场化、产业化转化。突出强调产学研一体化建设，鼓励与支持企业与高等院校、科研院所的合作与交流，共同开展技术诊断、技术研发等创新活动，协同创新，提高各创新主体的科技创新能力，创造良好的创新绩效。

最后，加强科技推广服务平台建设。要高度重视、大力发展各类科技中介服务机构，并逐步达到专业化、规模化、规范化。①创办专业化科技服务机构。按照业务特色化、服务标准化、管理信息化、机制市场化的要求，重点培育技术转移、科技成果交易、技术评估、风险评估等科技中介服务机构，形成科技服务、对外交流、风险投资三大支撑体系。②创建综合性科技创新公共服务平台。加大政府资金投入，依托科技情报机构、高等院校和图书馆等联合建立专业性、资源共享的科技数据库和科技信息网，建立权威、准确、完整、实用、便捷的科技资源信息共享平台。为供求双方沟通、交流、查询，招商引资、产业集聚、延长产业等提供信息支持。

6.4　创新生态技术体系的体制机制

产业生态技术创新必须通过应用生态学、生态工业技术、环境科学与工程、产业经济学、信息科学与技术、管理学、应用数学等多个学科融合，发挥宏观和微观两个层面的功能：宏观上是协调整个产业生态系统的结构和功能，促进系统物质流、信息流、能量流和价值流的合理运转，确保系统稳定、有序、协调发展；微观上，是为提高资源利用效率，尽可能地降低产业物耗能耗水平和污染排放水平的绿色工艺技术，最终实现生态环境—产业—社会三者之间的良性互动。实践证明，一个地区不一定有很强的知识创造能力，但可以有很强的创新能力。关键是本地区有一个开放的、利用全球和国内科技资源的机制和体系。利用本土的特色资源，利用本土的文化资源、人民独特的创造性，本地的产业发展就有可能真正基于创新的技术、创新的产品。政府需要从过去的单纯行政干预、项目投入支持，转向创造一个适宜创新的环境和完善区域创新体系。发达国家和地区的经验表明，对研究开发的支持和完善技术创新环境，是一个地区提高技术创新能力的关键。推动区域创新的核心资源首要的不是优惠政策，而是良好的创新环境和基础设施。因此，政府推动产业生态技术创新，关键是完善本地的创新环境和基础设施，这包括鼓励企业采纳新技术的机制，激励企业、高校、科研院所以及整个社会不断创新的氛围等，形成激励创新的优良环境。

6.4.1 构建协同创新机制

区域产业生态技术体系的成功有赖于区域科技基础、区域定位与特色的良好把握，就是建立一个符合区域发展实际、与现有创新资源有关，能推动区域技术、知识的生成、流动、变异和转化的组织网络，也称为区域创新体系。区域创新体系是由组织系统、规则系统、资源配置系统与决策系统之间相互作用共同构成的有机整体，其中，每一要素的性质或行为都将影响到整体的性质和行为，牵一发而动全身，系统的每一要素都起作用，如果系统的某一要素有缺陷，失去了与其他要素相互作用的能力，不能完成其他特定的功能，就会影响整个系统。现实中，并不存在具有统一模式的、完全一致的区域创新体系，但存在于区域科技资源禀赋、产业结构和经济基础中。

区域创新体系能否成功，不仅需要各创新主体明确定位和高效运转，还需要各主体间在互动与合作过程中所形成的协同网络。注重"官产学研"一体化的建设，形成灵活有效的创新网络，推动资源的协调配置与利用，并在协调运转中，实现区域科技能力的提高。我们在进行产业生态技术创新体系建设时，不能仅仅注重某项要素的建设，而忽略其他要素，仅仅变革一个要素有时会产生始料不及的后果，要把各要素建设看作是一个整体而同等对待，切实构建区域协同创新机制：

第一，利益协调机制。区域协同创新的核心问题是：不同价值取向的创新主体如何长期维持稳定的互惠协作关系。与企业之间的协同创新相比，区域协同创新的优势在于利益获取的非竞争性，关键在于如何准确定位各自的利益兴趣点并达成能够实现多赢的利益分配原则。协同创新利益分配包括通过主体之间进行产品或技术合作带来的利润的显性收益分配，以及在合作的过程中所产生如专利权、知识产权等隐性收益。协同创新平台必须致力于寻求一种各方利益的平衡点，因此各主体的领导层须进行协调与达成共识，在不断地谈判与切磋中共同确定一个合作主体共同的利益点，建立各方满意的收益分配机制。

第二，内生动力机制。协同创新平台的内生动力机制，是指促进各主体协同创新的动力源。各协同主体分属不同的系统，有各自的特点与价值追求，既具有各单独主体的部分特点，也具有合作共同体本身的特性。当区域协同创新平台运行时，会涉及如科技、市场、文化、利益等各种问题，为解决这些问题，就必须全面考察影响协同创新的内部动力因素，建立有效的内生动力机制，加大科技投入，加强文化融合，强化利益纽带作用，从而提高各协同主体参与的积极性，强化协同创新平台"造血"功能。

第三，双向协同机制。在协同创新过程中，各合作主体间存在个体理性，为保护知识产权和专利技术、维护资源等，会导致各主体在合作过程中产生不必要的成本，即协同创新的交易成本，如搜寻信息成本、契约成本、代理成本等，构建双向协同机制，能够强化协同创新平台间横向与纵向的协同创新程度，减少合作过程中的交易成本。

第四，项目成长机制。①强化管理服务体系建设。充分发挥协同创新平台功能，做好优质项目资源的引进和落地。建立基于管理的项目追踪问效机制，在项目建设中进行项目经费使用情况的追踪问效。加强项目的督促检查、协调服务、考核验收工作。②强化资金支撑体系建设。通过争取国家最大限度的经费支持、吸引企业重点投资、通过金融机构吸引风险投资注入等，对项目的种子期、起步期、成长期和扩张期四个阶段，不断强化资金支撑体系建设。

第五，多重激励机制。创新是协同创新平台的核心，创新能力的高低是影响协同创新平台未来竞争力的重要因素。因此，区域协同创新平台迫切需要通过引入激励机制，利用激励措施积极鼓励进行创新，以提高协同创新平台的创新能力，对协同创新的激励方式包括：产权激励、资源共享激励、文化激励。

第六，风险分担机制。风险分担方法是指参考风险分担原则和模式如何将风险在各风险分担主体之间进行分配。风险包括品牌风险、技术风险、市场风险、资金风险、信用风险，对于不同的风险，采取的风险控制机制有所不同。

6.4.2　创新人才集聚机制

建立产业生态技术区域创新体系的关键是人才，尤其是创新型科技人才。

第一，加强人才引进。围绕产业集群，确定人才优先发展战略布局，以高层次、高技能人才为重点，统筹推进人才队伍建设，大力培养和造就具有国内（世界）科技前沿水平、数量充足、结构优化、布局合理、素质优良的，适应产业生态化发展的高层次科技领军人才、学科和技术带头人、专业技术人才及科技创新团队。

第二，加强人才培养。科学的人才培养机制是造就人才成长的沃土，是催生人才辈出的动力，也是调动各类人才充分发挥作用的根本。要根据不同类别、不同层次人才的特点，组织培训、学习交流等多种方式，不断提高人才的综合素质，实践能力。

第三，加强人才激励。要鼓励人才在创新实践中成就事业，保障享有相应的社会地位和经济待遇，创造支持创新、宽容的和谐工作环境，提高工资福利待遇，以此稳住人才、吸引人才。在社会上营造尊重知识、尊重劳动、尊重人才、尊重创造的浓厚氛围。综合运用分配杠杆、社会荣誉、精神满足、职称晋升等方式进行激励引导。为消除科技人才的后顾之忧，可采取"工作在园区，居住在城区"的模式，切实解决他们在生活、户口、子女入学、就医等方面的问题。

6.4.3　完善产业生态技术评估体系

技术评估是技术创新管理方法之一。产业生态技术的区域性、公益性特征决定了对其评估的某些特殊性。

对新技术的开发、使用和扩散在经济、社会文化、政治、生态、伦理等方面可能产生的影响（特别是负面影响）进行的研究和评估，一般包含 7 个步骤：①确定评估任务和研究范围；②对被评估技术进行定义或描述；③设定关于社会状态的假设；④识别新技术的影响领域和种类；⑤进行初步的影响分析；⑥确定处理影响行动方案的评估准则和识别可能的行动方案；⑦对采取行动和不采取行动两种情况下的影响进行比较，完成影响评估。技术评估的主要内容包括：针对某项技术或为解决某一问题而设计的方案和提出的政策，考察采用或限制该技术时将引起的广泛社会后果，尽可能科学地、客观地对正负影响特别是非容忍影响作全面充分的调查分析，建立综合评估指标体系。

技术评估必须具备如下特点：

第一，系统性或整体性。技术评估不仅重视技术开发带来的利益，更注意那些潜在的、高次级的、不可逆的消极影响。它的事业越出了一般的技术评价、经济评价、环境评价的界限，是综合地评价技术在经济、政治、社会、心理、生态等方面的影响。因此，技术评估的目标是社会总体效益的最佳化。

第二，高度有序性。技术评估不仅要研究技术的直接社会后果，而且要研究"后果的后果"。因此，它的对象形成了一个有序的序列。例如，人们不仅要研究汽车造成的空气污染，而且要研究它所引起的一系列问题：政府为控制污染所需建立的机构、费用以及发展控制污染的技术等。

第三，跨学科性。技术评估涉及技术应用广泛的社会后果和政策选择，其中包括社会、经济、技术、生态等一系列问题，以及它们之间的相互关系。进行技术评估，必须放在社会和人类文明的尺度上来进行，其中应包括社会伦理标准和人的价值标准。进行技术评估，不仅要有与该技术有关的专家参加，还要有其他学科专家参加，包括社会学家、伦理学家、生态学家、法律学家乃至社会公众参加。

第四，中立性。技术评估应当是客观的。如果一种技术由它的研制者自行评估，就很难保证这种客观性。所谓中立性，就是要求把评估与直接制定政策的权力和职责分开，要求评估人独立于该技术项目负责人和参与人的利益。只有坚持中立性，技术评估才能摆脱主观因素的影响，做到以科学分析为依据、以总体利益为目标，从而作出客观公正的结论。

第五，批判性。技术评估不是描述性的、辩护性的，它在本质上是批判性的，是对技术的社会、伦理的批判。承认技术具有两重性是技术评估的核心技术社会效应中积极的直接效应，是技术专家预料之中的或在项目论证时已考虑到的。而技术的消极的、间接的、出乎预料的负效应，则不易被认识。技术评估的重点在于预测新技术的消极的、间接的、出乎预料的负效应。这是技术评估批判指向的重点。这一特点可充分揭露应用新技术时可能出现的负效应，从而为社会提供一个早期预警系统。一个技术项目"要确保在对技术的副作用和远期后果进行批判性评估之后，再作抉择"，这体现了"人应当具有一种对全人类包括子孙后代的责任感。"

评估指标体系设计原则。一个完善的技术评估体系毫无疑问必须建立综合评价的指标体系。建立指标体系首先要以社会整体利益为根本出发点，考虑到多重价值，如技术价值、生态价值以及社会文化价值等，同时还要有针对性和具体目标。在进行技术评估时必须注意下列原则：

第一，科学性与系统性原则。首先，选取的指标要能够体现产业生态技术的基本内涵和特征，所选指标要具有科学内涵和意义。除考虑选取能够衡量技术本身特征的指标外，还应当选取能够反映在技术水平或效应的指标，如资源转化水平、环境影响及经济性等方面的指标。其次，产业生态技术具有多重属性和特征，所设计的指标体系要具有系统性和层次性结构特点，能够从不同侧面、层次全面反映产业生态技术的属性和特征。

第二，通用性和差异性原则。通用性原则要求在选择评价指标时，尽量选取那些能够反映产业生态技术共性特征的指标，以利于在对不同类型产业生态技术进行评价时，遵从一个相对一致的参照框架。产业生态技术并不局限于某类行业或企业，而且常常具有跨行业性质，也就是说它所链接的生产系统可以分属于不同行业。即使是同一行业的不同生产系统，也由于生产过程、所需原料、产出副产物及最终产品存在明显不同，这也决定了不同类型产业生态技术之间存在较大差异。因此，在对某一行业产业生态技术实施评估时，客观上要求体现行业特点，针对特定行业选择评价指标，以揭示不同行业产业生态技术之间的差异性。

第三，简明性与可行性原则。评估的最终目的是通过对产业生态技术的基本特征进行综合、定量评估，以为行业和企业进行技术研发、引进、选择提供依据。因此，指标体系要结构清晰、简单明了。所选指标含义明确，在度量技术、投资和时间上可行，可用准确可信的方法和合适的仪器进行检测。指标的数据采集应尽可能地节省成本，用最小的投入获得最大的信息量。

总之，在技术评估过程中，要处理好技术的合理性、经济性与技术可能产生的生态、社会、文化后果之间的辩证关系，正确解决技术目标与生态目标、社会目标、眼前利益与长远影响、明显的与潜在的利弊、物质的与精神心理的影响等矛盾关系。

6.4.4 创建产业生态技术标准

技术标准是标准在技术领域的应用，指一组得到认可的关于产品、技术和工艺特性及参数的规范，其目的是要保证产品和系统间的互联与互换，维护市场参与各方之间的正常交流和合理秩序。技术标准作为人类社会的一种特定活动，已经从过去主要解决产品零部件的通用和互换问题，正在更多地变成一个国家实行贸易保护的重要壁垒，即所谓非关税壁垒的主要形式。技术标准的竞争，说到底是对未来产品、未来市场和国家经济利益的竞争。

技术标准以科学、技术和实践经验的综合成果为基础；在市场经济条件下，科技研发的成果通过一定的途径转化为技术标准，通过技术标准的实施和运用，也即标准化来促进科技研发成果转化为生产力；而在技术标准实施以及科技研发成果转化为生产力的过程中，市场的信息和反馈又可以反作用于技术标准的修订改进和科技研发活动，从而促进技术标准和科技发展。技术标准发展水平的提高是研发活动和科技进步的有机组成部分，前者既是后者的成果，又是后者发展的有效推动力。

第一，技术标准的出现和发展以科技进步为前提。无论何种产业，只有当技术进步使规模化成为可能时，技术标准才有可能作为实施规模化生产经营的必要工具出现；相应地，技术标准的制定也必须以科技研发及其相关科技成果为基础，其制定、修改不能脱离对应的科技水平，否则，其适用性、有效性会大打折扣甚至完全消失。

第二，技术标准及标准化的发展与科技进步互相促进。技术标准的出现是应科技发展到规模化大生产后的经济社会需求而产生的，它一旦出现反过来又可提高微观经济主体的生产经营效率，使它们能够将更多的资源投入研发活动，继而新技术、新工艺的应用推广使更高水平的技术标准的制定和实施在技术上和经济上得到支持。

第三，技术标准发展水平与科技进步成果转化水平，即经济活动的技术密集程度保持一致，工业化发展到一定阶段后经济体中技术标准和科技研发关系更加密切以致两者成为有机的整体。从产业乃至从整体国民经济来看，无论是劳动密集型、资金密集型还是技术密集型产业或经济体，只要它处于工业化起步后的经济体中，技术标准都会在制造业中率先被制定、推广、修订，并由此波及各种产业；当产业结构升级到第二产业居社会经济主导位置之后，技术标准在整个社会经济中的位置和科技研发一同上升，成为社会生产力的主要推动因素。此后，随着产业结构的进一步升级，技术标准及标准化与科技研发对社会经济发展的推动作用进一步上升，两者之间的关联也日益密切，在技术密集型的产业或经济体中，技术标准是科技研发的出发点之一，其制修订也是科技研发的重要成果。

通过生态技术标准化以及相关技术政策的实施，可以整合和引导社会资源，激活科技要素，推动自主创新与开放创新，加速技术积累、科技进步、成果推广、创新扩散、产业升级，以及经济、社会、环境的全面、协调、可持续发展。

就区域而言，关键在于建立起基于协同创新的生态技术标准形成机制。

概括起来，技术标准的形成机制主要有市场机制、组织机制、政府主导机制和寡头垄断机制。区域生态技术标准的形成机制可以考虑采用一种将市场机制和组织机制的优势结合起来的混合机制。协同创新体作为组织机制的一种形式，在技术标准的市场竞争中有可能赢得领先优势。地方政府在技术标准化过程中的作用，除了通过产业技术政策支持与技术标准开发相关的研发计划，以及制定竞争政策规制滥用知识产权的行为之外，还应该有更多的发挥空间。例如，政府可以有选择地对一些以区域企业为主的协同创新体或产业联盟给予资金和税收等方面的支持。

技术创新推动技术标准的发展，技术标准也直接或间接地促进技术创新。基于这种相互作用，必须通过加强技术标准开发与科技研发两者的协调发展，推动一批具有国际先进水平和产业化前景的科技成果转化为适应市场需要的技术标准。具体措施包括：将技术标准开发体系作为区域生态技术创新体系的一个重要组成部分，使技术标准开发体系与科技研发体系成为一个有机整体；建立与科研项目配套的标准化研究机制，以及以市场为导向并满足标准开发需求的科研支撑机制；鼓励企业以自主创新成果为基础建立起拥有专利技术的企业标准；支持生态产业内有较强竞争力的相关企业，将各自的自主创新成果通过专利联盟等方式形成产业联盟标准，并以此为基础积极参与国际标准的市场竞争。

总之，通过生态技术的标准化，一方面促进生态科技创新与进步，另一方面也促进生态化产品的市场竞争力。

第 7 章

构建产业生态信息系统

区域产业生态信息系统是区域产业生态化的重要支撑，也是确保高效实施产业生态战略管理的重要手段。

7.1 区域产业生态信息系统的价值

区域产业生态化涉及地方政府、区域企业及其相关各方面，业务信息量大、业务数据存储周期长、操作难度大，必须建立高度发达的区域产业生态信息系统。区域产业生态信息系统的价值重点体现在：

第一，以信息技术推动监管精准化。环境信息技术为区域环境提供了高水准的环境数据信息，扩大了人们的视野，实现了空间和事件的转移，也就是在空间上由野外转入室内、由企业转到环境保护部门；在时间上从过去到现在的研究发展，形成定质、定性、定量的三维空间上预测、管理模式。环境信息技术对环境进行的监测、监控，获取的区域环境基本数据的变化资料，提供生态环境、工业废水和生活污水对水体的污染等基本状况和发展程度的数据和资料，为环境的管理与治理等科学决策提供了依据。在政务领域信息化建设上，通过区域环境网络与数据库管理技术，可使同级与上下级政府部门实现管理和服务资源的有效利用；通过政务网络，部门间可实现组织结构和工作流程的优化重组，超越时间、空间与部门分工的限制；通过互联网络，环境保护部门可向社会提供全方位的优质、规范、透明、符合国际水准的公共信息资源与行政服务。其发展拓广成部门内部办公自动化，各部门间的资源共享，政务协同办公，实现网上交互式办公，即由网上申报，网上审批转变为电子政务，电子政府，从管理走向服务，进而提高环境管理部门的管理水平、工作效率，形成了当今环境监管时代的一道绚丽的风景线。环境信息技术也为环境科学提供了全新的发展管理模式，由原始的人工采集数据、人工分析、人性化的环境管理范畴，推动为全新的利用科学技术知识，把陈旧的主观环境模式逐步变更为客观的管理模式，使环境监管中脱离了人为操作的因素，为科学的决策提供科学、准确的服务，它的应用与发展，对环境监测、评估、污染源监管及环境评估与调查，起着举足轻重的地位。

第二，以信息管理推动废物资源化。企业或经济活动主体之间大量的物质交流废物和副产品将取代新鲜原材料成为产业生态系统中物质循环的主体，这意味着企业之间的物质交流将显著增加，带来运输强度的增加。在传统经济中变得微不足道的距离，就成了产业生态系统中应重点考虑的成本。与周围环境在物质输入输出上要保持平衡，产业生态系统的规模要与所处自然环境的承载能力相协调。除非能够做到物质在生产过程中的封闭循环，否则必须考虑到自然环境的生物物理基础，因为过大的物质流规模和速率将损害形成这个基础的生态过程。信息不对称明显阻碍废物和回收市场的运作。废物分解企业与生产者企业间的信息不对称，是出于企业对利益的考虑，生产者的单位通常对其废料成分保密，将废物的特征信息"隐藏"起来，以免泄露其专有工艺。而分解者企业的生产原料就是生产者企业生产过程中产生的废弃物，但这些企业在获取废物信息的质量、及时性、全面性上属于劣势，不能拥有其他单位废物完全的信息，即不能完全获得废物的特征、真实价值及来源等信息，只能根据对整个市场的估计决定其价格，这样循环型企业获得"原料"的成本将会增加，其经济收益也会减少，从而影响企业加强"绿色合作"的积极性。

第三，以信息数据促进决策科学化。无论是政府的公共事务管理还是企业的管理决策都要用数据说话。政府部门在出台社会规范和政策时，采用大数据进行分析，可以避免个人意志带来的主观性、片面性和局限性，可以减少因缺少数据支撑而带来的偏差，降低决策风险。通过大数据挖掘和分析技术，可以有针对性地解决社会治理难题；针对不同社会细分人群，提供精细化的服务和管理。政府和企业应建立数据库资源的共享和开放利用机制，打破部门间的"信息孤岛"，加强互动反馈。通过搭建关联领域的数据库、舆情基础数据库等，充分整合外部互联网数据和用户自身的业务数据，通过数据的融合，进行多维数据的关联分析，进而完善决策流程，使数据驱动的社会决策与科学治理常态化，这是大数据时代舆情管理在服务上的延伸。

7.2　产业生态信息系统的构成

信息系统是由计算机硬件、网络和通信设备、计算机软件、信息资源、信息用户和规章制度组成的以处理信息流为目的的人机一体化系统。其主要任务是最大限度地利用现代计算机及网络通信技术加强信息管理，通过对拥有的人力、物力、财力、设备、技术等资源的调查了解，加工处理并编制成各种信息资料，并及时提供给管理人员，以便进行正确的决策，不断提高管理水平和经济效益。从信息系统的发展和系统特点来看，可分为数据处理系统、管理信息系统、决策支持系统、专家系统和虚拟办公室五种类型。

信息系统可分为：①基础设施层，由支持计算机信息系统运行的硬件、系统软件和网络组成。②资源管理层，包括各类结构化、半结构化和非结构化的数据信息，以及实现信息采集、存储、传输、存取和管理的各种资源管理系统，主要有数据库管理系统、目录服务系统、内容管理系统等。③业务逻辑层，由实现各种业务功能、流程、规则、策略等应用业务的一组信息处理代码构成。④应用表现层，是通过人机交互等方式，将业务逻辑和资源紧密结合在一起，并以多媒体等丰富的形式向用户展现信息处理的结果。

完善的信息管理系统具有以下四个标准：确定的信息需求、信息的可采集与可加工、可以通过程序为管理人员提供信息、可以对信息进行管理。具有统一规划的数据库是信息管理系统成熟的重要标志，它象征着信息管理系统是软件工程的产物。通过信息管理系统实现信息增值，用数学模型统计分析数据，实现辅助决策。

产业生态信息系统支撑技术主要包括以下几种。

（1）地理信息系统（geographic information system，GIS）。该系统是描

述、处理相关地理信息的软件系统。它可以对具有地理特征的空间数据进行处理，以一个空间信息为主线，将其他各种与其相关的空间信息结合起来，使信息处理由数值领域步入空间领域，是融合计算机图形和数据库于一体、用来存储和处理空间信息的高新技术。地理基础系统在虚拟生态园中具有重要作用：通过利用 GIS 强大的空间数据处理与分析功能，对虚拟园区内企业之间的经济活动进行空间标志，建立与空间位置对应的经济活动属性的属性数据库。虚拟生态园区的最大缺点可能是在物流循环的运输过程中的费用，物流系统需要根据地理基础属性数据来规划企业之间的运输方式和最佳运输路径，实现物流与配送中心的优化选址、运输配送车辆的路线优化等。

（2）物联网技术（internet of things）。通过射频识别（RFID）、红外感应器、全球定位系统、激光扫描器等信息传感设备，按约定的协议，将任何物品与互联网相连接，进行信息交换和通信，以实现智能化识别、定位、追踪、监控和管理的一种网络技术。"物联网技术"的核心和基础仍然是"互联网技术"，是在互联网技术基础上的延伸和扩展的一种网络技术，其用户端延伸和扩展到了任何物品和物品之间，进行信息交换和通信。环保物联网是指在传统环保行业引入自动化和信息化的技术来实现环境保护科学化管理的系统网络。环保物联网从结构上可以分为三层结构。首先是基础层，即感知层。此层面主要包括污染治理设施（污染源）现场端的感知，主要包括现代化的传感器、分析仪、智能仪表等。其次是通信层，通信层的主要作用是实现感知层数据的传输，主要包括两种数据传输方式：有线传输和无线传输。最后是数据应用层，数据应用有两个方面的含义：一方面，通过数据分析，得出相关的结论支持环保管理决策；另一方面，通过远程控制来优化环保治理设计的工艺运行条件。

（3）数据仓库技术（data warehouse，DW）。区域内各种信息复杂而庞大，没有数据仓库技术的有效支持根本无法进行管理。数据仓库技术是数据库管理发展的现阶段，也称为第 3 阶段，近年来获得了广泛的应用。它是面向主题的、集成化的、稳定的、包含历史数据的数据集合，记录的是与工业园区相关的从过去某一时点到明确的各阶段的实时动态信息，并对信息进行了整理归纳，能够给决策系统提供预测和支持。其面向主题的特征，意味着一个数据仓库必须根据企业关心的主题来建立，对于其中的数据内容、数据的详细程度等都是有所选择的，同时将与分析问题无关的数据排除在数据仓库之外。对于虚拟生态工业园的数据仓库而言，建议其不面向区域内各生产企业的作业性流程，而是面向一些特定的主题，如原材料、废物流、能源梯级利用、产品、生态链上的厂家等。其集成化特征则表现在数据仓库在名字转换、变量度量一致性、结构编码一致性及数据物理属性一致性方面的功能。稳定性则表现为对于数据库的操作只有两种：一是数据的初始输入，二是数据的存取。数据仓库中没有更新修改作业，因而在设计层上不用担心对数据的错误删除、修改等。

（4）数据挖掘技术（data mining，DM）。数据挖掘是从大型数据库浩瀚的数据中抽取隐含的、潜在的有用信息或关系的过程。在这个过程中，通过某种算法，从大量的事务活动数据中挖掘出隐含在其中的信息和知识。从发现知识来看，数据挖掘与 OLAP 类似，但数据挖掘是通过计算机实现的一套算法自动处理大量数据，找出数据中隐藏的内在模式，数据挖掘更多的是基于统计学原理和人工智能方法得出的结果。将快速变化的园区数据库系统升级为数据仓库并采用 DM 技术，可以有效地实现虚拟园区信息系统的智能化管理。从本质上看，数据挖掘技术就是一种深层次的数据分析方法，运用在区域中可以迅速获得关键性数据，提高决策的时效。其与传统数据分析的本质区别是数据挖掘是在没有明确假设的前提下去挖掘信息、发现联系，数据挖掘所获得的信息具有先前未知、有效和实用性的特点，能够实现两个重要功能：预测/验证功能，即利用数据库的若干已知字段预测或验证其他未知字段；描述功能，即可以找到描述数据的可理解模式，途径是数据分类、回归分析、概括、构造依赖模式、变化和偏差分析、模式发现、路径发现等。

（5）电子数据交换技术（electronic data interchange，EDI）。ISO 将 EDI 定义为：将贸易（商业）或行政事务处理按照一个公认的标准变成结构化的事务处理或信息数据格式，从计算机到计算机的电子传输。在区域内，当合作伙伴就数据交换的标准达成一致后，就可以通过 EDI 按照协议的标准结构格式，将标准的经济、物流等信息通过网络在生态产业链上的其他企业的计算机之间进行交换和自动处理，效率高、响应速度非常快。EDI 的实质是数据交换，重点是自动处理业务，EDI 实现的基础是统一的报文表达方式、交换网络、参与交换的各方拥有内部业务自动化处理系统。

7.3 产业生态信息的获取途径

产业生态信息的获取途径包括传统途径和现代技术途径。两者互相补充、相互印证，缺一不可。

（1）报送统计。从目前园区的管理模式现状看，企业和企业之间、企业与园区之间都存在很强的信息壁垒，例如，技术层面，企业不知道有哪些适合自己的清洁生产工艺，从而很难推动技术升级改造；又如，某家企业对园区其他企业的副产品、废物信息掌握不充分，很难进行废物交易；园区对产业链延伸的关键节点把握不清，很难进行循环化改造工作。通过征集报送，建立完善园区统计制度，尤其是各企业的废弃物数据准确，以物联网技术为核心，搭建再生资源公共服务平台，推动固体废物回收向精细化转变。

（2）在线监控。环境监测数据，是指按照相关技术规范和规定，通过手工或者自动监测方式取得的环境监测原始记录、分析数据、监测报告等信息。在线监测数据属于环境监测数据的一类，即安装在企业的在线自动监测设备提供的监测数据，可以通过远程传输到环保部门的电脑终端。

（3）遥感监测。遥感监测是利用遥感技术进行监测的技术方法，主要有地面覆盖、大气、海洋和近地表状况等。遥感监测技术是通过航空或卫星等收集环境的电磁波信息对远离的环境目标进行监测识别环境质量状况的技术，它是一种先进的环境信息获取技术，在获取大面积同步和动态环境信息方面"快"而"全"，是其他检测手段无法比拟和完成的。

（4）流量估算。根据企业生产的原材料总输入和可能消耗量的差值与实际监控的废弃物排出量相比较，可以大致估算出废弃物是否偷排。如废水的排放，如果在源头掌握某耗水企业的进水总量，再根据生产量计算出一般正常状态下的耗水量，两者相减，就大致估算出应该达标排放的水量。如果只有车间或工厂的排污口监控水质和流量，而不掌握进水总量，就会难以杜绝用自来水掺少量污水冒充达标排放，而将大量污水不经处理直接偷排的。从现在已经报道的偷排还只是污染了地表水，没有发现的是否有直接将偷排管道接入地下水谁也难以保证。因为这样的情况即使遥感监测也难以较快的发现，而且这种污染危害更甚，治理更难。

（5）大数据分析。人类从 IT 时代进入 DT 时代，大数据技术正在悄然改变传统产业决策问题，逐步将管理思想、海量数据与产业生态智能更好地融为一体，为科学优化产业布局、招商引资决策支持、数据驱动工作效率和区域发展升级，发挥着巨大的作用。通过环保物联网、GIS、应用大数据技术，通过产业模型诊断、产业共生热点识别算法、废物交易信息智能搜索与在线竞价等一系列功能决策模块，智能化地识别企业技术升级、产业链延伸、副产品和废弃物梯级利用等关键节点，对园区循环产业链构建、产业共生和循环型基础设施优化等进行智能化的辅助决策。

（6）生态资源综合调查。这种有组织的大规模行动，为有效保护和永续利用生态环境资源提供信息支撑、监测预警；为区域发展战略、产业优化布局，评估资源消耗、环境损害、生态效益，提供基础数据和决策支持；为试点探索自然资源资产负债统计和监测监管，健全生态环境资源考核体系，为领导干部自然资源资产离任审计，终身追究提供依据；为生态服务、生态产品标识认证等公共服务，对生态产品、服务等生产全过程实施有效管理。

7.4 区域产业生态智能决策系统——一个实例

基于大数据、云计算、物联网和移动互联等技术，通过产业生态海量数据相关性分析、智能决策模型和可视化展示技术，在分析某区域产业结构、布局以及产业关联度、产业共生链的基础上，构建区域产业生态布局模型，通过区域内企业之间、板块之间、园区之间的物流、能流和信息流的融合互动，实现从数据采集、数据交换、配对分析、补链分析、空间分析到评估、预警和决策，构建完整的区域产业生态布局智能决策系统平台。具体目标为：①建立区域产业生态布局信息标准体系；②建立区域产业生态布局云数据中心；③建立区域产业生态布局与招商决策支持系统。

整体框架如图 7-1 所示。

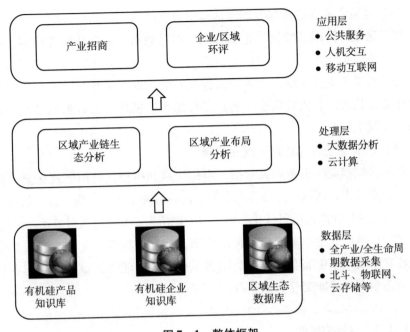

图 7 - 1　整体框架

具体研究内容由以下五个部分组成。

（1）区域产业生态链网设计、优化与评估。

主要完成基于区域的产业结构和布局现状，设计区域产业生态链网，优化构建区域的产业生态化运行模式；完成区域生态承载力测算；完成基于区域生态功能格局的产业适应性评价；完成产业生态系统物质流和能量流分析；基于区域产业特质和产业生态系统特征的区域产业生态化指标体系。

（2）区域产业生态布局全生命周期数据采集与处理。

利用北斗、GIS、视频监控、物联网传感器以及企业产品数据库等对产业生态全生命周期进行数据采集，建立数据与信息标准体系，通过云技术进行处理存储。

（3）大数据驱动的产业生态链图谱。

基于区域产业生态链网设计与优化理论模型，通过大数据进行数据挖掘与分析，对上述数据进行特征提取并建立数据之间的基于对象、基于时空的产业生态布局关联关系，构建大数据驱动的产业园区、企业、产品的生态链关系图谱。

（4）区域产业生态布局智能评估与决策支持。

基于区域产业园区数据、企业数据、产品数据、关系数据等模型，依据区域产业生态优化理论，利用信息科学与工程技术，开发区域产业生态布局智能评估与决策支持系统，实现大数据驱动的产业生态评估、大数据驱动的产业生态流程设计、大数据驱动的产品资源生态循环、大数据驱动的产业生态布局决策支持。

（5）产业生态布局数据可视化呈现。

基于区域产业生态布局大数据、指标体系和模型，利用可视化呈现技术和模拟仿真技术，对区域产业生态布局数据的可视化演示呈现，以人机交互方式，对引进项目和产业项目优化布局进行模拟仿真，并通过大屏幕动态呈现。

建立区域产业生态布局信息标准体系；建立区域产业生态布局云数据中心；建立区域产业生态布局与招商决策支持系统；建立区域产业生态布局大屏幕动态呈现与智能交互仿真平台。

7.4.1 系统框架

（1）技术框架。

在系统构成上，本项目包括数据采集（大数据信息库构建）、决策支持与管理（大数据分析处理、决策数据分析）、可视化（决策系统可视化）等三个子系统，如图 7-2 所示。

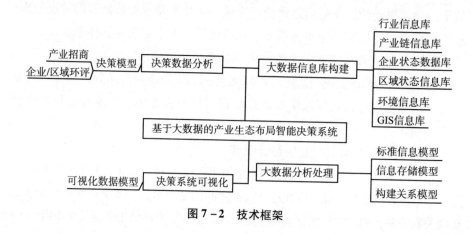

图 7-2 技术框架

在分层设计架构上，本项目分为三层：数据层、功能层、操作层，如图7-3所示。

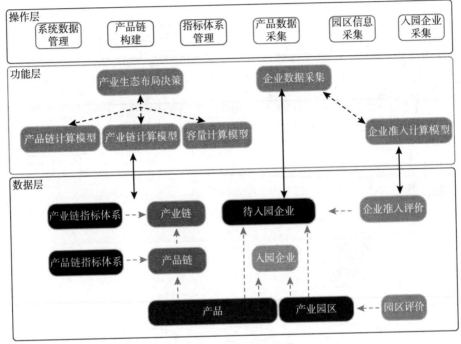

图7-3 分层设计架构

（2）业务处理框架。

本系统的主要业务：在企业准入、产品链、园区产业生态链三大指标体系的支撑下，对已有产品（及对应的企业和园区）数据进行处理分析，进而为园区的招商布局提供决策支持，如图7-4所示。

（3）数据服务接口框架。

数据服务接口是对行业数据库、园区数据库、产品数据库等数据进行接口设计，如图7-5所示。

（4）用户分析框架。

本系统包含四类用户，如图7-6所示。

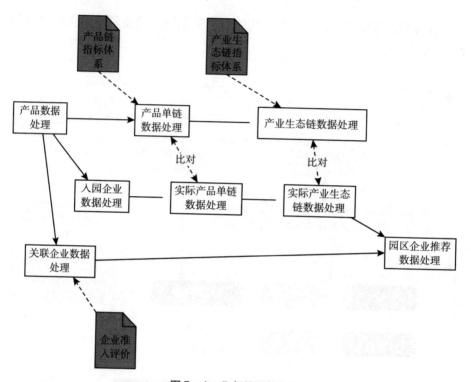

图 7 - 4　业务处理框架

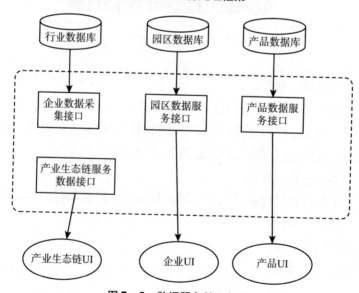

图 7 - 5　数据服务接口框架

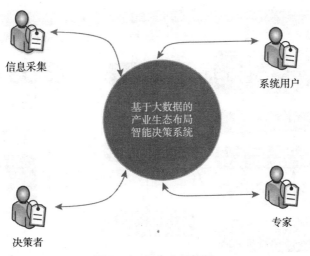

图 7 - 6　用户分析框架

①系统用户：管理系统的初始化与基本设置，属于管理用户。

②专家：构建产品链、企业准入评价体系、产品链指标体系、园区生态指标体系。

③信息采集：包括系统自动化采集与人工采集。自动化采集用于构建面向行业的企业信息库；人工采集用于构建产品信息库、园区信息库。

④决策者：通过 PC 端、移动端或大屏幕，查看园区信息、产业生态链、企业招商智能推荐。

7.4.2　子系统

包括数据采集、决策支持与管理、可视化等三个子系统（对应图 7 - 7 中的数据采集子系统、管理子系统、显示子系统），如图 7 - 7 所示。

（1）数据采集子系统。

数据采集子系统的作用是收集多源异构的行业数据、企业/园区数据、产品数据等，数据类型与收集方式如表 7 - 1 所示。

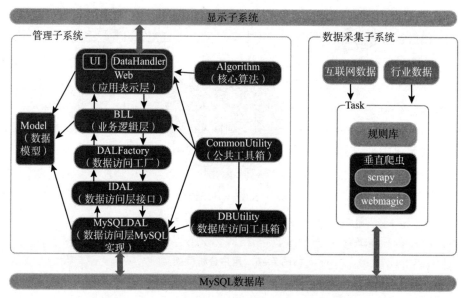

图7-7　基于大数据的产业生态布局智能决策系统

表7-1　　　　　　　　　　　数据类型与收集方式

编号	数据类型	收集方式
1	行业内企业数据	该数据来源于文本信息数据和互联网数据，依据系统预设的数据项分析形成行业企业数据库，主要处理方式为对导入的文本信息进行逐行分析提取、对互联网信息通过爬虫获取相关信息并进行页面数据格式化，对获取到的企业数据信息进行筛选和入库
2	产品数据	该数据来源于人工录入和文本信息数据导入（Execl/其他数据库），依据行业产品实际构成情况形成产品数据库，主要处理是通过专家知识形成较为统一某个行业的数据格式
3	园区企业数据	该数据来源于人工录入和文本信息数据导入（Execl/其他数据库），包括企业基本信息和企业产品信息，重点是对企业产品（涵盖最终产出物、中间产出物、"三废"）的描述，主要处理是依据专家知识形成对企业产品的关系描述，提供用于内部数据流传的标准值
4	产业生态链指标体系数据	该数据来源于人工录入，由专家建立某个产业的生态链指标数据库
5	产品链指标体系数据	该数据来源于人工录入，由专家建立基于当前产业的多条产品链指标数据库

续表

编号	数据类型	收集方式
6	静态产品链数据	该数据来源于人工录入,依据专家知识构建的理论上完整单链的所需产品以及产品的标准值,主要处理是通过产品链指标体系给出合适的产品链,并通过计算给出适合的产业生态链
7	企业准入评价数据	该数据来源于人工录入,由专家建立基于当前产业的企业准入指标数据库。主要处理是为企业数据获取提供筛选参考

(2)决策支持与管理子系统。

决策支持与管理子系统的作用是建立全面的指标体系,用以企业准入评价、产品链生态评价、园区生态评价等决策支持。

①企业准入评价对企业是否符合待招商园区的基本要求进行评价,主要包括两个方面:产品类别,即企业产品的类别是否符合区域要求;产品产量,即企业产品的产品在区域内是否已产能过剩。

②产品链评价对待招商园区的产品链的生态化程度进行评价,主要包括两个方面:完备性计算和生态优化计算。

产品链的完备性计算。以有机硅产品链的部分主要产品为例,如图7-8所示。

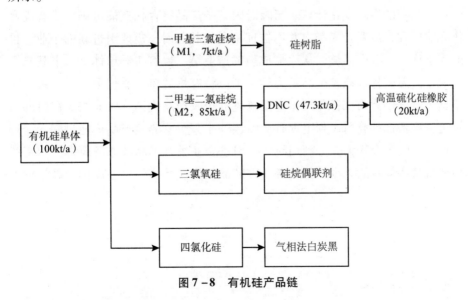

图7-8 有机硅产品链

上述产品链的完备性评价包括定性指标与定量指标，如表 7 - 2 所示。

表 7 - 2   产品链的完备性评价

指标类别	指标名称	描述
定性	产品链完整度	当具有完整三梯级产品链时，以数值 1 予以表征；当缺失一个产品链以上被认为产品链不完整时，以数值 0 予以表征
定量	产能不足	理论最优资源利用效率。解释：以 100kt/a 有机硅单体可生产的最大中间产品及最终产品重量与初始功能单位的比重进行计量，以% 表示。例如，本例二甲基二氯硅烷、DNC 的理论最优资源利用效率为 $47.3kt/a \div 85kt/a = 55.65\%$ ，当低于这个理论产量时，被认为有待技术改进，技术更新，设备更新
	产能过剩	设备利用率。解释：区间指标，设备利用率的正常值在 79% ~83% 之间，超过 90% 则认为产能不够，有超设备能力发挥现象。若设备开工低于 79% ，则说明可能存在产能过剩的现象。说明需要开拓市场，引进配套产业链，削减过剩产能

产品链的生态优化计算。当园区内某条产品链存在产能过剩，或者废弃物无法处理，或者投入产出并不在理论最优状态时，需要引进新的企业，目的在于优化原有产品链，从而形成新的产业链。以有机硅单体、二甲基二氯硅烷、高温硫化硅橡胶产品链为例，可以将有机硅单体看作第一营养级，二甲基二氯硅烷为第二营养级，高温硫化硅橡胶产品为第三营养级。在对产品链进行完备性计算后，判定现有产品链处于某个营养级产品产能过剩、非理论最优，或废弃物无充分利用时，待引进企业主营产品或业务应符合判定产品链自身所具有的至少一种或者几种产品架构。具体的生态优化计算指标如表 7 - 3 所示。

表7-3　　　　　　　　　　　具体的生态优化计算指标

产品名称	营养级	完备性判定	引进企业判定	信息语言
有机硅单体	1	过剩	引进企业主营业务产品链应以1为原材料	如果是，用数值1表示该企业可以引进；否，用数值0表示该企业不能引进
二甲基二氯硅烷	2	产能不足	引进企业主营业务应以2为主导产品	如果是，用数值1表示该企业可以引进；否，用数值0表示该企业不能引进
高温硫化硅橡胶	3	有/无	引进企业主营业务应以3为主要处理处置对象	如果是，用数值1表示该企业可以引进；否，用数值0表示该企业不能引进

　　③园区评价对待招商园区的整体生态化程度进行评价，主要包括两个方面：生态承载力计算和产业生态优化计算。

　　园区的生态承载力计算。在企业准入评价、产品链评价的基础上，对于需要引进的企业，其最终能否入驻园区还受到园区自身生态承载的约束。园区作为产业运营实体，在资源利用、环境污染、经济产值上都有一定的要求（根据园区所属级别，如国家级、省级、行业、综合类园区而定，具有不同的约束指标），如果引进企业达不到园区引进标准，则不能引进；如果园区自身资源、环境容量不足，不能满足引进企业所需，则同样不能引进该企业，需要向上级主管部门申请扩容，才有可能引进相关企业。

　　按照园区相关管理部门要求，计算在资源利用、环境污染排放、经济产值领域所要求达到的基本要求以及剩余容量。当引进企业符合园区要求同时企业所需容量小于园区对应剩余容量时，则表征园区可以引进该企业，用数值1表示，否则视为不能印记，用数值0表示。具体的生态承载力计算指标如表7-4所示。

表7-4　　　　　　　　　具体的生态承载力计算指标

生态承载指标	具体指标	单位	该指标园区状态	引进企业状态	信息语言	最终判断
资源利用	土地利用效率	平方公里/万元	最低标准	不能低于最低标准	大于园区最低标准，记为数值1，表示可以引入；否则为0，不能引入	各项指标都为1，表示该企业最终能够入驻园区；只要有一项为0，则表示该企业不能入驻园区
	单位产值能耗	吨标煤/万元	最低标准	不能低于最低标准	大于园区最低标准，记为数值1，表示可以引入；否则为0，不能引入	
	单位产值水耗	吨/万元	最低标准	不能低于最低标准	大于园区最低标准，记为数值1，表示可以引入；否则为0，不能引入	
污染排放	SO_2排放量	吨	核定剩余容量	不能超过剩余容量	超过园区剩余容量，记为数值1，表示可以引入；否则为0，不能引入	
	粉尘排放量	吨	核定剩余容量	不能超过剩余容量	超过园区剩余容量，记为数值1，表示可以引入；否则为0，不能引入	
	烟尘排放量	吨	核定剩余容量	不能超过剩余容量	超过园区剩余容量，记为数值1，表示可以引入；否则为0，不能引入	
	COD排放量	吨	核定剩余容量	不能超过剩余容量	超过园区剩余容量，记为数值1，表示可以引入；否则为0，不能引入	
	氨氮排放量	吨	核定剩余容量	不能超过剩余容量	超过园区剩余容量，记为数值1，表示可以引入；否则为0，不能引入	

园区的产业生态优化计算。如果企业最终入驻园区，就将引起园区整体

生态化水平的变化，因此需要构建一整套园区生态化水平测度指标体系，用于衡量园区不同时间节点的生态化水平，以及在引入企业后，园区整体生态化水平的细微变化，从而识别园区生态化状态。基于产业生态化的视角，通过对园区资源、环境、经济等投入产出的测度，结合园区内部及外部生态化水平的定性评估，所建立的一整套园区产业生态化指标体系，用于综合判断园区所处状态。具体的产业生态优化计算指标如表 7-5 所示。

表 7-5　　　　　　　　　具体的产业生态优化计算指标

目标层（A）	准则层（B）	序号	要素层（D）	单位	类型	权重
有机硅园区 生态化水平	（B1）生态 环境指数	C1	环境空气质量优级率	%	定量，正向指标	0.042
		C2	单位工业增加值 SO_2 排放量	吨/万元	定量，负向指标	0.017
		C3	单位工业增加值 COD 排放量	吨/万元	定量，负向指标	0.022
		C4	废水排放达标率	%	定量，正向指标	0.034
		C5	工业固体废物综合利用率	%	定量，正向指标	0.081
	（B2）资源 利用指数	C6	单位工业增加值新鲜水耗	吨/万元	定量，负向指标	0.049
		C7	工业用水重复利用率	%	定量，正向指标	0.011
		C8	单位工业增加值综合能耗	吨/万元	定量，负向指标	0.056
		C9	园区单位面积工业产值	%	定量，正向指标	0.037
	（B3）环境 改善潜力	C10	环保投资占 GDP 比重	%	定量，正向指标	0.106
	（B4）经济 绩效指数	C11	人均工业增加值	人/万元	定量，正向指标	0.049
		C12	工业增加值年均增长率	%	定量，正向指标	0.147

目标层（A）	准则层（B）	序号	要素层（D）	单位	类型	权重
有机硅园区生态化水平	（B5）科技发展指数	C13	科技进步对 GDP 贡献率	%	定量，正向指标	0.034
		C14	科技成果转化率	%	定量，正向指标	0.102
	（B6）风险抵御指数	C15	产品种类多样化水平	—	定性	0.018
		C16	原材料可替代性	—	定性	0.018
	（B7）企业协同指数	C17	企业间互补性	—	定性	0.074
	（B8）社会协同指数	C18	周边社区对园区的满意度	%	定量，正向指标	0.030
		C19	职工对生态工业的认知率	%	定量，正向指标	0.015
	（B9）管理协同指数	C20	实施生产全过程环境管理	—	定性	0.058

（3）可视化子系统。

①可视化分析本系统的目的是对产业园区进行大数据挖掘、处理和分析，进而为产业招商、生态评估和生态布局提供决策支持。因此，产业园区、企业的布局与生态化程度的展示是可视化设计的核心。在数据分析上，要清楚展现系统涉及的产业园区数据、企业数据、产品数据、关系数据等多源复杂数据，重点展现产品的生态属性，其维度有生态效率、生态服务和生态占用等，查看的视角主要是宏观和关联。在色彩分析上，除了要考虑产品的属性和企业的属性外，还要考虑展示的平台，即大屏幕的特点，如面积巨大、深色背景、不可操作、空间局限等，着重考虑蓝色、浅蓝、红、黄、绿等常用于生态系统的颜色。

②视觉展示形式结合三维投影、增强现实、虚拟现实等技术，在大屏幕的前方投影整个产业园的三维场景，大屏幕中将三维虚拟场景和操作者的操作进行虚实结合。

　　技术要求达到：①系统支持对所有结构化与非结构化数据进行分析，依据各类信息库的标准接口规范生成符合系统要求的原始数据。②系统支持对产品链（单链表形式）的构建，并依据其产品依赖关系（定量）给出理论模型计算数据。③系统支持对园区已有企业的产品链（可能不完全）的构建，并依据产品链指标对其进行基于单链的评价。④系统支持依据产品链上缺失或增量产品进行从行业信息库中获取符合企业准入评价指标的企业。⑤系统支持对于多条产品链可依据产业生态链指标体系及计算模型达到系统约定的最优。⑥系统支持从选定的行业信息源进行数据挖掘构建行业信息库。⑦系统支持提供符合可视化规范要求的标准数据。

第 8 章

区域产业生态化的推进策略

区域产业生态化发展模式运作的基础是要使生态化发展的理念深入人心，从而迫使区域产业中的各类企业能够将这种发展理念与组织的结构和制度相融合，在产业群体中形成一种自发的、生态化的趋同效应。因此，在推进产业生态化的过程中，必须充分依据产业生态化的动力机制，制定强有力的推进策略。第一，需要政府通过法律手段制定规范严格的企业环保准入、审核以及监督机制，以明确企业的环保责任与义务；第二，产业生态化的发展意味着对社会承担更多的环境责任并付出更多的经济代价，政府也需要给予企业以有形及无形的引导或激励；第三，需要通过媒体、文化和舆论的熏陶不断加强公众和企业管理者对于环保和企业生态化发展的关注，逐渐转变传统的以追求利润为终极目标的价值观，最终形成一种全民的环保与利润相融合的价值观念。因此，应有效运用法制监管、政策引导与道德约束等机制，建立强有力的区域产业生态化的推进体系。

8.1 加强环境法制监管

严格的环境法制监管是推进产业生态化的前提和基础。环境法制监管是一种直接的政府强力干预，亦即实施环境管制，是一种非市场途径的解决方法。政府设定强制性的环境质量指标，通过立法、规定等途径实施，让市场主体遵守，若有违反，则要么惩罚、要么关停，从而对资源环境利用进行直接干预。管制途径最大的特点和功效是能迅速有效地控制污染。

环境经济学的波特假说认为，适当的环境规制将刺激技术革新。适当的环境规制可以促使企业进行更多的创新活动，技术创新将提高企业的生产能力，抵消由环境规制带来的成本上升，提高产品质量，增强企业竞争力，从而有可能使企业在国内国际市场上获得竞争优势。大量实证分析证明，现实中确实观察到波特假说的现象，表明适当的环境规制有利于促进经济增长及企业竞争力。薛伟贤评估环境规制在中国的应用时指出"命令—控制"型环境规制工具在节约成本方面具有较大优势，严格的环境规制可以促使企业进行技术创新。政府用国家权力强制要求市场主体必须遵从政府的环境质量标准，从而促使市场主体为减少污染的产生而采用新技术、新工艺、新设备进行生产和服务。

目前，我们在环境法制监管方面还存在较明显的缺陷。一是监管机制不健全。信息质量难以保证，导致环境监管缺乏效率。信息机制包括信息收集、传递、处理、存储、利用、评估的过程和标准，但是，由于各种原因，排污者排放信息质量难以保证。更有甚者，环境监测数据造假的现象时有发生。二是污染源排放监管文书缺位。现有法规中适用于污染源排放控制的政策不少，但是比较分散且相互独立。如何实现各项政策之间的对接和相互协调也没有明确的要求。即环境监管缺乏一个具有明确而具体要求的法律文书可以将现有政策中有关污染源的排放控制要求做出统一、明确和详细的规定。企业也同样缺乏守法的文书证明自身的排放情况，因而导致目前地方环境监管部门缺乏对企业进行环境监管的核心手段，也缺乏明确的监管内容和执法依据。三是监管缺乏威慑力。现有法律法规虽然规定了地方政府有权对排污企业进行监督和处罚，但处罚的威慑力不足。主要原因是企业可以预期到的违法成本远远低于其守法成本。处罚方式目前只涉及行政处罚中的罚款、责令限期改正、吊销许可证、责令关闭等几种方式，对于监禁等更严厉的方式还有待更加明确。四是污染源排放监管技术规范不足。对污染源排放核查的最主要的手段是监测，包括监督性监测方案和企业的自行监测方案。监督性监测的目的即保证企业自行监测方案的严格执行。目前对企业的自行监测方案和环保部门的监督性监测方案均没有详细的技术规范和明确的设计要求，环保部门对污染源排放的核查主要采取定期抽查监测的方法。监测指标、采样方式等主要内容缺乏研究和设计，监测结果不具有代表性，也无法通过核查企业的自行监测记录了解企业治污设备真实的运行。虽然上述现象逐步在改善，但仍然需要全方位加大力度，建立和完善相应的机制。

第一，完善地方党政承担环境保护的责任机制。

完善对地方政府环境执法的稽核制度。法律规定，国务院环境保护行政主管部门，对全国环境保护工作实施统一监督管理。中央对地方的监管应能直接监管到污染源，即通过对污染源排放情况的核查对地方的环境监管效果进行稽核和评估。具体可以采用抽测的方式。如对环评已获通过的企业进行一定比例的抽测，或直接到排污企业核查许可证的执行情况，或通过对相关人员的访谈了解排污单位的排放情况等。对于失职的地方政府及环境保护部门进行问责，对主要负责人进行处罚，还应增加对资源环境绩效显著提高、绿色转型发展成绩突出的领导干部的鼓励条款。

第二，建立严格的污染物排放监管机制。

源头严防，严把环境影响评价关。要推进环评审批程序制度化，做好环评审批服务；严格环评技术审查；充实完善技术评估专家库，严格实行评估专家组组长负责制；认真组织现场踏勘；配合审查各类规划；清理环评违法违规项目。

建立以排污许可证制度为核心的基层环境监管制度。排污许可证制度是一个"打包"的政策体系，将排污者应执行的有关国家环境保护的法律法规、标准和环保技术规范性管理文件等要求具体化，明确到每个排污者。排污许可证实质上可以看作环保机构发给持证单位的法律文书，同时也是政府的执法文件。由于排污许可证制度要求污染主体明确，排污行为可被测量和量化，因此适用于对点源排放的控制。点源由于污染排放集中，对水体的危害较大，因此是基层环境监管部门主要监管对象。建立以排污许可证制度为核心的基层环境监管制度，使环境监督和环境执法有明确的目标和依据，既规范了企业的排放行为，也规范了执法部门的执法。实施并逐步完善污染源排放监管技术规范设计科学的监督性监测方案，促进企业的自行监测，通过监督性监测的实施，为点源排放保持一个持续的压力。在充分分析污染源排放特点的基础上，基于企业的自行监测方案，将有限的监督性监测资源、监测力量、监测资金等，聚焦于该点源排放的薄弱环节，制定出的监测方案在保证确定性的基础上，能够以最小的成本获得最优的监督效果。通过设计合理的监督性监测，并辅以对应的处罚标准，给排污企业提供持续的压力，最大限度地促进其连续达标排放。

第三，建立稳定可靠信息搜集、处理和公开机制。

由于管制过程中存在着信息不对称和"寻租"活动等问题，使得管制途径的管理"失灵"不可避免，并最终影响到产业生态化外部性问题的解决。所以建立稳定可靠的信息搜集、处理和公开机制十分必要。一是保障排放信息的质量。污染源的排放信息是决策部门进行决策、制定各项政策的依据。以排污许可证作为企业的守法文书，环保部门可以获得企业申报时提供的信息以及企业按要求定期提交的排放和监测数据等信息。在许可证制度中，企业如果不能保证自身的排放有依据、可核查，就无法证明自身的连续达标排放，就可能在环保部门的监测和核查中受到处罚。由此企业便具有了严格排放、科学监测和提供准确信息的动力。二是加强信息收集部门的协调与沟通。加强监测部门间的协调和沟通，提高监测效率，做到多个渠道来源的数据可以相互核查。例如，对于河流水质监测有环保部门、水利部门和城市供水公司，可以通过三家之间的协调，进行分工和协作，降低监测成本的同时提高监测效率。三是建立信息公开和共享渠道。充分实现信息公开和共享，利用网站、公众取阅点、广播、报纸等渠道，使信息可以覆盖到所有的需求者。信息及时、真实、全面、准确地向社会公开，接受公众监督。环境损害追责应在更加公开透明的环境下进行，使公众可以看到和监督追责的效果，提高党委政府的公信力。

第四，严格环境监管的监督和处罚机制。

对企业的监督和处罚措施和标准可以明确在企业的守法文件上，科学设计处罚的标准，结合民事和刑事处罚手段，提高处罚的威慑性、确定性和可执行性，同时结合监督性监测方案的设计，大大提高企业对违法成本的预期，从而督促企业严格遵守守法文书的要求。

聚焦党政领导干部责任，明确底线思维，提出了生态环境损害的追责主体、责任情形、追责形式、追责程序，以及终身追究制等规定，充分体现了"权责统一、党政同责、失职追责、问责到位"的原则。

显性责任即时惩戒，隐性责任终身追究，"总体上对'权力引发的生态问题怎么办，权力造成的生态损害怎么管'的问题给出了答案"。实行生态环境损害责任终身追究制。对违背科学发展要求、造成生态环境和资源严重破坏的，责任人不论是否已调离、提拔或者退休，都必须严格追责。

在实际的具体应用中，管制途径可以有多种实现形式，例如，环境影响评价、"三同时"制度、企业环境目标责任制、污染物排放总量控制、限期治理制度，对某些污染严重的经营活动明令禁止；对某些产生污染的生产工艺和生产设备要求淘汰；对没有达到规定标准或有害的产品严令禁止销售；规定只有获得非市场转让性的许可证持有者才允许生产或排污等。对非法排污企业严格按照我国新环境保护法即《环保法修订案》追究法律责任。

8.2　加强产业政策激励

正确处理政府推动与市场机制的关系，制定能够促进产业生态化发展的经济制度和经济政策，是推进产业生态化的主要动力。发达国家发展产业生态化的实践有一个共同的特点就是注重发挥市场机制的作用。产业生态化在本质上属于"产业经济"范畴，经济的合理性是物质、能量以及各类废弃物循环利用的边界条件，推进产业生态化既要物质资源能够循环，又要遵循经济规则，努力实现经济效益和环境效益相统一。具体地说，一方面，产业生态化的发展对企业来说意味着对社会承担更多的环境责任并付出更多的经济代价，因此政府部门必须从资金、财政、金融、税收、信贷等方面给予相应的扶持，以保证园区企业实现环境效益、经济效益和社会效益三者共赢，协同发展。同时要转变思路，构建"自下而上"的服务型管理模式，让企业在自我管理和与园区的互动中获得实实在在的利益，增强企业参与产业生态化的热情。另一方面，产业生态化的发展，其经济增值功能和产品与服务的价值，最终必须通过市场来实现，也必须遵循市场原则。在对经济发展、科技进步、消费需求等现状及变化预测的基础上，结合区域资源禀赋，以市场有效需求与经济全球化为导向，规划产业发展方向，制定相应政策并保证这些政策有效实施。

总而言之，要实现产业生态化，必须解决产业发展过程中的外部性问题。按照福利经济学的理论，外部性的存在使资源配置偏离帕累托最优，最核心的就是实现产业生态化的外部性内部化，即通过制度安排使得市场主体的经济活动所产生的社会收益或社会成本，转为私人收益或私人成本，使技术上的外部性转为利益上的外部性，在某种程度上强制实现原来并不存在的货币转让。外部性内部化的制度创新是实现产业生态化的制度保障。目前实现外部性内部化的途径除管制途径外，还有补贴途径和产权途径。

补贴途径由英国古典经济学家阿瑟·塞西尔·庇古（Arthur Cecil Pigou）提出，即著名的"庇古税"法：一方面，由政府对造成负外部性的生产者征税，限制其生产；另一方面，对产生正外部性的生产者给予补贴，鼓励其扩大生产。通过征税和补贴，产业生态化过程中的外部性就实现了内部化，这样，就可以实现私人最优与社会最优的一致，使资源配置重新回到帕累托最优状态。在实际应用中，补贴途径主要通过税收手段、财政手段、收费制度和责任制度等进行操作，如污染者付费、使用者收费、产品收费、财政补贴、利率优惠、押金退款制度等。其中排污收费制度已经成为当前世界各国环境保护的重要经济手段。由管制机构给所有产生污染的企业确定一个污染税税率，对每单位排放到环境中的污染物收费，理性的厂商根据利润最大化原则，自行选择决定将污染削减到边际控制成本等于污染税率这一水平，从而使社会控制污染的总成本最小化，此时污染排放量为最优。完善各项法规制度，加大政策支持。当前的经济环境下，政府应多以奖励政策为主，即对生态友善型企业给予优惠条件或补贴，大力推动生态技术创新的支持工作，鼓励产业在发展的同时产生外部经济效应，以支持经济活动的生态转型。同时，政府应该制定相关的法律法规和制度，以保证产业生态化更好的进行。

产权途径基于科斯定理提出用排污权交易理论解决环境污染问题的思路。政府机构评估出一定区域内满足环境要求的污染物的最大排放量，并将最大允许排放量分割成若干污染权（以排污许可证的形式），政府可以用不同方式分配这些许可证（销售、出租、拍卖），并通过建立排污许可证交易市场使这种权利能合法有偿地交易，企业和政府可以根据自己的需要在市场上买进或卖出以污染许可证为形式的污染权。

因此，实施产业生态化，政府的行政推动是重要的，但关键是建立一种适合产业生态化发展要求的市场机制，这就需要政府建立一套新的经济制度体系，包括生态环境要素的定价和有偿使用制度、生产者责任延伸制度、消费者责任制度、政府责任制度和对循环经济企业的激励制度等。在产业政策上，政府要正式制定相关产业政策，对产业组织、布局进行引导，对那些能够优化生态环境或者对环境影响较小、对稀缺资源耗费较小的产业给予必要的激励；对于那些对经济增长有贡献但同时污染较大或者稀缺资源使用效率较低的产业应当通过各种调控手段使其保持在可允许的均衡水平上。在财政政策上，政府要对推行产业生态化的企业和项目采取物价补贴、企业亏损补贴、财政贴息、税前还贷等形式给予财政补贴；对具有绿色标志的、通过ISO 14000体系认证的产品政府优先采购，通过实际的绿色购买行为促进产业生态化的发展，进而影响消费者和企业的生产方向；对相关基础设施进行财政投资。在税收和价格政策上，提高资源税率，对不利于产业生态化目标的生产和消费行为进行加税，对循环利用资源的企业进行减税，调整能源、矿产资源、水资源与最终产品和消费的价格关系，促进企业和消费者尽可能地节约使用和循环利用资源。鉴于我国经济社会发展和自然生态条件地域差异显著，地方政府要根据中央政府的政策要求，科学设置适合区域产业生态化发展要求的经济政策。

同时，产业生态化是一个发展的过程，是一个不断探索的过程。政府要将成功的产业生态化的经验推广到整个产业生态化建设中去，在总结经验教训的学习中调整推进产业生态化的相关政策。而且，政府要通过制度创新和技术创新，以及鼓励和惩罚政策来规制产业生态化的全部过程。在践行产业生态化战略的过程中，政府要敦促和支持每一个企业加大创新力度和技术投入，在实践中不断发现问题、解决问题，提高产业生态化的质量和水平。在改变传统产业发展模式的基础上，实现企业自身经济发展生态化。

融资渠道方面，应更多维度地拓展促进产业生态化的融资渠道。如通过财政拨款、税收优惠、科研专项经费等多种形式增加对产业生态化的财政扶持；创建生态环保政策性银行，建立"绿色信贷体系"；成立节能减排环保基金，发行"生态基金"产品；鼓励"绿色生态型"金融产品创新，试验"绿色金融衍生产品"以支持低碳节能产业发展。

8.3 加强生态文化建设

人类由于共同生活的需要才创造出文化，文化作为一种精神力量，能够在人们认识世界、改造世界的过程中转化为物质力量，对社会发展产生深刻的影响。文化在它所涵盖的范围内和不同的层面发挥着重要的功能和作用：①整合。文化的整合功能是指它对于协调群体成员的行动所发挥的作用，就像蚂蚁过江。社会群体中不同的成员都是独特的行动者，他们基于自己的需要，根据对情景的判断和理解采取行动。文化是他们之间沟通的中介，如果他们能够共享文化，那么就能够有效地沟通，消除隔阂、促成合作。②导向。文化的导向功能是指文化可以为人们的行动提供方向和可供选择的方式。通过共享文化，行动者可以知道自己的何种行为在对方看来是适宜的、可以引起积极回应的，并倾向于选择有效的行动，这就是文化对行为的导向作用。③维持秩序。文化是人们以往共同生活经验的积累，是人们通过比较和选择认为是合理并被普遍接受的东西。某种文化的形成和确立，就意味着某种价值观和行为规范的被认可和被遵从，这也意味着某种秩序的形成。而且只要这种文化在起作用，那么由这种文化所确立的社会秩序就会被维持下去，这就是文化维持社会秩序的功能。④传续。从世代的角度看，如果文化能向新的世代流传，即下一代也认同、共享上一代的文化，那么，文化就有了传续功能。

生态文化是指以崇尚自然、保护环境、促进资源永续利用为基本特征，能使人与自然协调发展、和谐共进，促进实现可持续发展的文化。①生态文化是一种价值观，是人类社会与自然界和谐协调的精神力量。生态文化以文化的形式固化、传承人类认识自然、改造自然的优秀成果，它是人类思想认识和实践经验的总结。近代社会的"人类中心主义"价值观仅关注人类的价值，漠视自然的价值，最终导致生态环境恶化、自然资源枯竭、生态灾难频繁，严重阻碍人类社会的继续发展，于是人类重新审视人与自然的关系，把人类自身价值和自然本体价值有机地融合起来，形成生态文化的基本价值观。②生态文化是一种人文文化。生态文化把和谐、协调、秩序、稳定、多样性

117

以及适应等观念纳入自己的伦理体系，着眼于可持续发展，既关心人的价值和精神，也关心人类的长期生存和自然资源增值，体现了人类对人与自然关系的深度认识。③生态文化是一种先进文化。生态文化倡导人与自然和谐相处的价值观念，是人类根据人与自然生态关系的需要和可能，最优化地解决人与自然关系问题所反映出来的思想、观念、意识的总和。它包括人类为了解决所面临的种种生态问题、环境问题、经济问题和社会问题，为了更好地适应环境、改造环境、保持生态平衡、维持人类社会的可持续发展，实现人类社会与自然界的和谐相处，求得人类更好地生存与发展所必须采取的手段，以及保证这些手段顺利实施的战略、策略和制度。可以说，生态文化是人类文明发展的成果集成，是先进文化的重要组成部分。

生态文化在现实生活中表现为：①环境保护意识。环境意识是人们对环境和环境保护的一个认识水平和认识程度，又是人们为保护环境而不断调整自身经济活动和社会行为，协调人与环境、人与自然互相关系的实践活动的自觉性。也就是说，环境意识包括两个方面的含义：其一是人们对环境的认识水平，即环境价值观念，包含有心理、感受、感知、思维和情感等因素；其二是指人们保护环境行为的自觉程度。这两者相辅相成，缺一不可。环境意识不仅包括人们对环境的认识水平，即环境价值观念，还包括人们保护环境行为的自觉程度。因此，环境意识的内涵指人们对环境和环境保护的一个认识水平和认识程度，还包括人们为保护环境而不断调整自身的经济活动和社会行为，协调人与环境、人与自然相互关系的实践活动的自觉性。简单地说，人们具有环境意识是实现绿色发展的基础和先决条件，也就是说环境意识是调节、引导和控制人们行为的内在因素，只有使各类组织、群体和个人都认识到生态环境和人类生存的关系，认识到生态危机对人类的危害，保护环境才能变成人们的自觉行为。②生态伦理约束。生态伦理即人类处理自身及其周围的动物、环境和大自然等生态环境的关系的一系列道德规范。通常是人类在进行与自然生态有关的活动中所形成的伦理关系及其调节原则。人类的自然生态活动反映出人与自然的关系，其中又蕴藏着人与人的关系，表达出特定的伦理价值理念与价值关系。人类作为自然界系统中的一个子系统，与自然生态系统进行物质、能量和信息交换，自然生态构成了人类自身存在的客观条件。因此，人类对自然生态系统给予道德关怀，从根本上说也是对人类自身的道德关怀。人类自然生态活动中一切涉及伦理性的方面构成了生态伦理的现实内容，包括合理指导自然生态活动、保护生态平衡与生物多样性、保护与合理使用自然资源、对影响自然生态与生态平衡的重大活动进行科学决策以及人们保护自然生态与物种多样性的道德品质与道德责任等。

要将产业生态化发展理念带入社会发展的各个方面，重要的是从人们的社会生活方式和消费方式上着手，将绿色发展理念内化为每一个人的行动上，形成自我约束力。其实，实现产品"物质减量化"和"清洁生产"，以至于"补链产业"的跟进或者"延长产业链"的做法，都是在人们的意识、观念和认识指导之下的一种物随人走的运动过程，也就是说，能否真正实现效法自然、保护地球，起决定作用的不在于自然或经济活动本身，而在于人们的认知水平和物质上想要达到什么样的状态，以及人们是否愿意为保护自然负责任的态度，进而形成强大的生态道德、伦理和法律规范，来约束人类的一切活动。所以社会成员普遍在尊重自然、保护环境方面做到道德自觉与自律，既是生态文明建设的目标与内容，也是真正实现产业生态化的保障。

要加强生态文化建设，必须充分了解生态文化的特性，把握生态文化建设的规律。生态文化具有的特性包括以下几点。

（1）层次性。与人类历史上所有成功的文化一样，生态文化也具有其特定的层次性，即由表及里表现为生态文化的物质层面、形式层面、制度层面、价值层面。①物质层面。生态文化的物质表层，是指承载着生态文化内涵的物质实体。这类物质实体通过人类感官而逐渐影响个体的思维方式和行为模式，从而使生态文化得以深入人心。无公害食品、绿色食品、有机食品、绿色建材、生态建筑等都是这类物质实体，它们通过经济社会的生产、分配、交换、消费等环节，传播着它们自身所承载的生态文化内涵。②形式层面。通过物质层面，便是生态文化的形式层面，即承载着生态文化内涵的仪式、形式、过程等。如近20年来迅速发展的中国休闲农业，以承载乡村旅游的形式来传播传统农耕文化和现代生态文化，唤醒人们的生态文化意识；各类生态文化节庆活动、回归自然的休闲旅游、蕴含生态文化内涵的媒体宣传等，增加大众对自然的亲切感和依赖感，构筑人与自然和谐发展的总体氛围。③体制层面。生态文化的体制层面，是指国家、地区、部门或经济实体，为了弘扬生态文化、保护生态环境而制定的承载生态文化内涵的各类约束性的法律、法规、政策、制度、规定、纪律等以及与之相应的管理机构和管理体制，用以规范公众的行为，传播生态文化。④观念层面。生态文化的观念层面属于"形而上"的范畴。剥开生态文化的表层、浅层和中层。进入生态文化的核心层，就是体现生态文化的价值观和行为理念，以及受这种价值观和行为理念所支配的行为方式。受支配的具体行为方式和抽象的观念、准则、规范、心理状态是紧密结合在一起的，所以生态文化的传播，必须立足于改变公民的价值观念，行为理念和具体的规范、准则及心理状态。

（2）整体性。虽说生态文化表现出其特定的层次性，但生态文化的四个层次并不是孤立存在、独立发挥作用的，而是相互联系、相互影响、综合地显现其功能。生态文化整体性的重要表现之一，就是社会的总体氛围和公民的道德意识，若社会的总体氛围和绝大部分公民的道德意识都高度认同生态文化，说明生态文化已深入人心，表明生态文化已成为一种主流文化。从生态文化的四个层次来看，生态文化的观念层面作为一种形而上者之"道"，支配着个体的行为方式。对于个体而言，这种"道"的形成，需要依赖物质层面的感官刺激、形式层面的情操陶冶、体制层面的约束性管理和先觉者的引导。在这种"道"的形成过程中，个体逐步接纳生态文化的价值观和行为理念，使其受价值观和行为理念支配的行为方式都能体现生态文化的内涵，从而形成承载生态文化的特有的行为模式。接纳生态文化价值观以后，个体的行为模式必然受其生态价值观和行为理念支配，从而自觉地形成符合生态价值观的行为模式，并为生态文化的体制层面、形式层面、物质层面建设做贡献。

（3）传承性。生态文化的传承性是文化具有传承性的重要表现形式。人类为了繁衍和生存，前辈们把自己积累的知识和经验不断地传授给新的一代，从而形成人类文化的传承性。可以说，当今生态文化的很多内容都是受传统文化的影响衍生而来的，是传统文化的进一步发展。我国生态文化遗产极其丰富，早在先秦时期，各种典籍就有原始生态文化的内容，如《礼记·月令》记载："孟春之月，禁止伐木。"在我国各民族的传统行为中，孕育着博大精深的自然生态文化因素。这些传统文化思想，通过代际交流世代传承扎根于民间，有的以宗教形式或图腾崇拜根植于乡民观念层次；有的以约定俗成或乡规民约形成体制层面的自发监控机制；有的以乡风民俗或传统节庆活动流传于村野，形成形式层面的朴素生态伦理；更多的是各种自然遗产和人文景观，以物质表层方式传承传统的朴素生态文化。这些传统的生态文化，在历史的大潮中代代相传，不断创新，不断丰富内涵，虽然在现代经济生活的冲击下有所毁损，但其思想内核对现代生态文化的发展具有十分重要的意义。在生态文化的建设中，一定要注重生态文化传统的再教育和政策诱导，让扎根于老百姓中的生态文化传统发扬光大。

（4）多样性。生态文化的核心是人与自然和谐协调发展，在这个系统中的"人"和"自然"都是多样化的，从而使生态文化表现出多样性特征。这种多样性具体表现为地域多样性、人本多样性和时序多样性。①地域多样性。由于地球表面气候差异和地质结构、地理环境的差异，带来了与之相适应的生态环境多样性，不同地域的人类为了实现与自然环境的和谐发展，从而使生态文化也表现出丰富的地域多样性。生态文化是人类与自然关系的某种推演和表现，而人类与自然关系的发生、发展都是在特定的地域中进行的。不同地域的自然生态系统也存在差异性，自然产生带有区域环境特色的思想意识，创造具有地域特色的生态文化。②人本多样性。地球上各个区域、不同国家、不同民族之间存在着传统思想和经济文化的差异，决定了民族文化具有多样性，这种因人类在不同文化基础上进化发育而成的多样化生态文化，就是生态文化的人本多样性。③时序多样性。随着人类社会的发展，也会产生不同阶段的生态文化，从而形成生态文化的时序多样性。也就是说，不同时代或阶段的生态文化，其内涵和外延可能是不同的。

（5）延伸性。生态文化将文化从人文社会科学范畴延伸至自然生态领域。①生态文化要求人类运用生态学的原理和方法来探索人与自然的关系，不断促进科技进步和经济社会发展，理性认识环境容纳量、生态阈值、地球承载力、生态足迹等有关人类社会与自然环境之间的量化指标，更新人口观念，提高人口素质，合理开发资源，高效利用资源。②生态文化以系统观为理论基础，把自然、人、社会看作是一个辩证发展的整体，分析和研究三者之间的相互关系和变动的规律性，从生态系统的整体性和全局性出发，要求人类改变以往人与自然对立的观念，树立只有在资源承载能力之内的良性循环，才能使生态系统平衡地发展、人与自然和谐共生的环保意识，倡导绿色消费。

基于生态文化的上述特性，我们必须不断探索生态文化建设的有效途径和方法。

（1）传播绿色理念。

生态理念以尊重和维护自然为前提，以人与人、人与自然、人与社会和谐共生为宗旨，以建立可持续的生产方式和消费方式为内涵，以引导人们走上持续、和谐的发展道路为着眼点。生态文明强调人的自觉与自律，强调人与自然环境的相互依存、相互促进、共处共融，既追求人与生态的和谐，也追求人与人的和谐，而且人与人的和谐是人与自然和谐的前提。公众是社会经济活动的主体之一，产业生态化与公众行为有着直接关系。政府要加强宣传教育，增强社会公众对生态环境的忧患意识、责任意识和环境权益意识，一方面，创造条件，鼓励支持社会公众参与有关自然资源、生态环境和经济建设的决策活动，监督企业的环境行为，促使企业遵守环境资源的法律法规；另一方面，采取必要的措施，引导社会公众积极参与绿色消费，形成节约资源和保护环境的生活方式，促使企业朝着节约与循环利用资源和保护生态环境的方向发展。

（2）规范生态伦理。

生态伦理即人类处理自身及其周围的动物、环境和大自然等生态环境关系的一系列道德规范。通常是人类在进行与自然生态有关的活动中所形成的伦理关系及其调节原则。人类的自然生态活动反映出人与自然的关系，其中又蕴藏着人与人的关系，表达出特定的伦理价值理念与价值关系。人类作为自然界系统中的一个子系统，与自然生态系统进行物质、能量和信息交换，自然生态构成了人类自身存在的客观条件。因此，人类对自然生态系统给予道德关怀，从根本上说也是对人类自身的道德关怀。生态伦理的现实内容，包括合理指导自然生态活动、保护生态平衡与生物多样性、保护与合理使用自然资源、对影响自然生态与生态平衡的重大活动进行科学决策以及人们保护自然生态与物种多样性的道德品质与道德责任等。

生态伦理的特点体现在：一是社会价值优先于个人价值。为了使生态得到真正可靠的保护，应制定出具有强制性的生态政策。在个人与整体的关系上，应把整体利益看得更为重要。生态保护政策不仅触及个人利益与社会利益的关系问题，而且主张社会价值优先于个人价值。二是具有强制性。生态伦理无论在内涵方面还是在外延方面，都不同于传统意义上的伦理。传统意义上的伦理是自然形成的而不是制定出来的，通常也不写进法律之中，它只存在于人们的常识和信念之中。传统意义上的伦理仅仅协调人际关系，一般不涉及大地、空气、野生动植物等。传统意义上的伦理虽然也主张他律，但核心是自觉和自省，不是强制性的。由于生态保护问题的复杂性和紧迫性，生态伦理不仅要得到鼓励，而且要得到强制执行。维护和促进生态系统的完整和稳定是人类应尽的义务，也是生态价值与生态伦理的核心内涵。从宏观层面来看，与人类未来的生存问题关系最为密切的是生态伦理。

（3）加强生态教育。

生态意识的提高和生态文明的塑造，依赖于生态教育。生态教育是以生态学为依据，传播生态知识和生态文化、提高人们的生态意识及生态素养、塑造生态文明的教育。开展生态教育、增强生态意识和塑造生态文明三者构成了一个相互辐射、互利共生、协同发展的"金字塔"范式，而处于"金字塔"底部的是生态教育，它为我们的生态保护和生态文明建设夯实了基础。我们要保护和建设好生态环境，走可持续发展的道路，固然离不开科学技术手段的支持和法规制度的保障，但更离不开人们生态意识的强化和生态文明的完善；而要全面地强化生态意识和提升生态文明，使每个公民自觉维护与其自身生存和发展休戚与共的生态环境，最行之有效的途径就是实现从"物的开发"向"心的开发"转换，建立多维的生态教育体系，进行全民生态教育。

生态教育的目标是解决人与环境之间的矛盾，调整人的行为，建立生态伦理规范和生态道德观念，教育人正确认识自然环境的规律及其价值，提高人对自然环境的情感、审美情趣和鉴赏能力，为每个人提供机会获得保护和促进生态环境的知识、态度、价值观、责任感和技能，创造个人、群体和整个社会环境行为的新模式。只有热爱大自然，才能自觉爱护环境，维护生态平衡，才能"促进人与自然的和谐，实现经济发展和人口、资源、环境相协调，坚持走生产发展、生活富裕、生态良好的文明发展道路，保证一代接一代的永续发展"。

生态教育有着极为丰富的内涵，涵盖各个教育层面，包括学校教育、社会教育、职业教育。其教育对象包括全社会的决策者、管理者、企业家、科技工作者、工人、农民、军人、普通公民、大专院校和中小学校学生；教育方式包括课堂教育、实验证明、媒介宣传、野外体验、典型示范、公众参与等；教育内容包括生态理论、生态知识、生态技术、生态文化、生态健康、生态安全、生态价值、生态哲学、生态伦理、生态工艺、生态标识、生态美学、生态文明等。生态教育的行动主体包括政府、企事业、学校、家庭、宣传出版部门、群众团体等。通过生态教育使全社会形成一种新的生态自然观、生态世界观、生态伦理观、生态价值观、可持续发展观和生态文明观，实现人类、社会、自然的和谐发展，构建一个和谐的社会。

现有教育体制中的学科划分不利于进行产业生态意识普及和教育。教育的内容应是综合性和跨学科的，应是科学、技术、经济、法学、伦理学、环境学、生态学、文学、设计科学等多种学科的综合。因此，如何改革现有教育体制，将生态文化渗透到现有学科、课程体系中就成为各级教育教学改革的一项重要任务。

（4）弘扬生态传统。

我国传统文化博大精深，发掘和发挥我国传统文化中的优秀思想，用于生态文化价值观的教育，这是非常必要的，也是我们的特色和优势所在。有哪些传统文化中优秀的成分对生态文化有显著价值呢？笔者认为至少有以下几个方面。

①"天人合一"，人与自然同一本源。"天人合一"的深刻含义为：人是天地生成的，与天的关系是局部与整体的关系，人与自然应和谐相处。《周易》写道："有天地然后有万物，有万物然后有男女。"道家也有"道生万物"的说法，这里的"道"指天地万物之始。这些思想说明，人与自然是同一本源，人是自然的一部分，是一个有机的整体。

②仁爱万物，尊重生命的价值。"仁"是儒家的核心思想之一。从"仁者爱人"扩展到"仁者爱物"，体现了对生命和大自然的尊重。"劝君莫打枝头鸟，子在巢中待母归"。这种人类对生物的关爱不能仅仅看作是一种科学的认知，而是性善的人类情感归属的需要，儒家把这看作是"孝"和"义"的体现。这些思想应该成为现代生态伦理学的重要支撑。

③顺应自然，完善人生。《道德经》说："人法地，地法天，天法道，道法自然。"强调了遵循自然规律，这就是自然之道。"道生万物，德育万物"，

为此要尊"道"、守"德"，厚德载物。这种顺应自然规律的思想，对人自身的完善，从而影响社会发展都是非常重要的。

④倡导节俭，少私寡欲的生活理念。中国传统文化中提倡人的生活要节俭。老子道："见素抱朴，少私寡欲。"人生要心地纯正、生活俭朴、知足常乐，才会有幸福。过分追求物质享受，追求名利等身外之物，必被其所累。"水善利万物而不争"，正是我们现在倡导的不盲目追求物质享受、多为社会奉献、努力丰富精神生活的绿色生活理念。

⑤天人相分，顺天应人。中国古人不但讲"天人一体"，还强调"天人相分"。"顺天应人"就是说既要顺天，顺乎自然规律，又要掌握自然规律，因势利导，为人类谋福利。《周易》提出："裁成天地之道，辅相天地之宜。"最有说服力的是，中国超过 5000 年的农业发展史，有许多符合生态规律的耕作制度，如秸秆粪便还田、桑基鱼塘、兴修水利等。不仅生产出多种多样的农产品，养活了世界上最多的人口，而且能长期保持土壤的肥力，形成了众多人杰地灵的区域。

总之，需要通过各种途径和方法，潜移默化地影响人们的精神思想，从而提高全民的生态文化素养，尤其是价值观念的转变。首先，要转变对产业与生态关系的认识，把产业看作是生态的一个子系统，使经济社会发展建立在环境可承载和资源可持续的基础上；其次，要转变人类生活的价值目标，树立一种以适度节制物质消费，避免或减少对环境的破坏，有利于健康，同时要有丰富的精神文化生活、崇尚自然和保护生态的生活理念。

| 第9章 |

江西长江经济带产业发展实证分析

江西拥有 152 公里长江黄金水道，全部属于九江市范围。九江市地处赣北，位于江西省最北部，长江、鄱阳湖、京九铁路三大经济开发带交叉点。介于东经 113°57′~116°53′、北纬 28°47′~30°06′之间，全境东西长 270 公里，南北宽 140 公里，总面积 18823 平方公里，占江西省总面积的 11.3%。

九江地理区位优越，襟江傍湖，水运发达，长江过境长度 152 公里，年流量 8900 亿立方米，直入长江的河流流域面积 3904 平方公里，万亩以上湖泊有 10 个，千亩以上有 31 个，全省最大水库柘林水库库容达 79.2 亿立方米。中国第一大淡水湖鄱阳湖有 53% 的水域在九江境内，面积近 300 万亩。

9.1 九江区域生态承载力分析

九江市地势地貌较为复杂，总面积 18823 平方公里，其中丘陵占 50%、山地占 15%、平原占 5%、水域占 30%、耕地 365.22 万亩。当前九江市经济社会发展迅速，但是本地区 GDP 的快速增长依赖于重工业的驱动，使重工业为九江市带来发展动力的同时，也带来了严重的环境污染问题，这严重制约着九江市经济社会的可持续发展和生态环境安全。参与长江经济带，走出生态优先、绿色发展之路，是九江市的必然选择。研究评估九江市区域的生态承载力，是推进产业生态化的基础工作。因此，我们运用改进的生态足迹模型方法对九江区域的生态承载力进行系统的评估。

传统的生态足迹计算公式为：

$$EF = N \times ef = N \times \sum_{i=1}^{n} (aa_i \times r_i) = N \times \sum_{i=1}^{n} \left(\frac{c_i}{p_i} \times r_i \right) \quad (i = 1, 2, \cdots, 6)$$

$$(9-1)$$

其中，EF 为总生态足迹；ef 为人均生态足迹；N 为总人数；aa_i 为人均第 i 类交易商品折算的生物生产面积；c_i 为第 i 类交易商品的人均消费量；p_i 为第 i 类交易商品的世界平均生产能力；r_i 为均衡因子。根据生态足迹模型，可以将土地类型划分为：耕地、林地、草地、建设用地和化石能源用地。

为准确地反映区域生态承载力的现实情况，构建基于"国家公顷"的生态足迹模型，改进均衡因子：

$$r_j = \frac{\overline{p_i}}{\overline{p}} = \frac{Q_i}{S_i} \Big/ \frac{\sum Q_i}{\sum S_i} = \frac{\sum_k p_k^i r_k^i}{S_i} \Big/ \frac{\sum_i \sum_k p_k^i r_k^i}{\sum S_i} \quad (9-2)$$

其中，$\overline{p_i}$ 为全国第 i 类土地的平均生产力；$\overline{p}$ 为全国所有土地的平均生产力；Q_i 为全国各类土地的总生物热质量；S_i 为全国第 i 类土地的面积；p_k^i 为全国第 i 类土地的第 k 类生物产量；r_k^i 为第 i 类土地的第 k 种生物产品的单位热值。

传统的生态承载力计算公式为：

$$EC = N \times ec = N \times \sum_{j=1}^{n} (a_j \times r_j \times y_j) \quad (j = 1, 2, \cdots, 6) \quad (9-3)$$

其中，EC 为总生态承载力；ec 为人均生态承载力；N 为区域总人数；a_j 为第 j 类人均生物生产面积；r_j 为第 j 类土地的均衡因子；y_j 为产量因子。

为突出九江市的土地与全国同类土地生产水平的差异，将产量因子进行改进，方法如下：

$$y_i^j = \frac{\overline{p_i^j}}{\overline{p_i}} = \frac{Q_i^j}{S_i^j} \Big/ \frac{Q_i}{S_i} = \frac{\sum_k (p_k^i)^j r_k^i}{S_i^j} \Big/ \frac{\sum_k p_k^j r_k^i}{S_i} \quad (9-4)$$

其中，y_i^j 为 j 市第 i 类土地的产量因子；p_i^j 为 j 市第 i 类土地的平均生产力；Q_i^j 为 j 市第 i 类土地的总产出热值；S_i^j 为 j 市第 i 类土地的总面积；$(p_k^i)^j$ 为 j 市第 i 类土地的第 k 种产品的产量。

根据以上两个改进的计算公式，计算出 2007～2016 年土地即耕地、林地、草地、建设用地和化石能源用地的全国平均生产力、均衡因子和产量因子。当计算化石能源足迹时，采用基于碳循环化石能源及电力生态足迹计算方法，具体见表9-1。

表9-1　　　　　　　　　　　均衡因子和产量因子

年份	因子类型	耕地	林地	草地	建设用地	化石能源用地
2007	均衡因子	7.567	0.688	0.072	7.567	0.293
	产量因子	1.614	0.913	0.624	1.614	1.000
2008	均衡因子	7.480	0.673	0.068	7.480	0.286
	产量因子	1.579	0.900	0.606	1.579	1.000
200	均衡因子	7.205	0.658	0.062	7.205	0.292
	产量因子	1.517	1.012	0.589	1.517	1.000
2010	均衡因子	6.770	0.610	0.056	6.770	0.288
	产量因子	1.499	1.156	0.593	1.499	1.000
2011	均衡因子	6.490	0.600	0.052	6.490	0.270
	产量因子	1.531	1.249	0.631	1.531	1.000
2012	均衡因子	6.210	0.620	0.059	6.210	0.250
	产量因子	1.640	1.311	0.660	1.640	1.000
2013	均衡因子	6.080	0.640	0.056	6.080	0.280
	产量因子	1.690	1.385	0.640	1.690	1.000
2014	均衡因子	5.940	0.570	0.049	5.940	0.237
	产量因子	1.720	1.398	0.610	1.720	1.000
2015	均衡因子	5.880	0.550	0.045	5.880	0.214
	产量因子	1.700	1.391	0.042	1.700	1.000
2016	均衡因子	5.710	0.460	0.410	5.710	0.212
	产量因子	1.760	1.424	0.056	1.760	1.000

所选数据来源于《中国统计年鉴（2008~2017年）》《江西省统计年鉴（2008~2017年）》《九江市统计年鉴》（历年），以及近几年九江市国民经济与社会发展统计报告。但由于缺乏九江市历年进出口方面的详细数据，加之

统计口径的差异，故只计算生物资源的消费和能源的消费两个部分。同时根据九江市的生物资源产量与生物资源的消费量大体相当的实际情况，在实际计算中以生物资源的产量代替消费量，最终得出计算结果和结论。

（1）九江市人均生态承载力和人均生态足迹。

根据上述改进的计算公式和相关指标的历年数据，通过综合计算可以得到 2007～2016 年九江市各种土地类型的人均生态承载力、人均生态足迹和人均生态盈余，结果见表 9-2。

表 9-2　　各土地类型的人均生态承载力、人均生态足迹和人均生态盈余状况

单位：hm²/人

土地类型	评价类别	2007年	2008年	2009年	2010年	2011年	2012年	2013年	2014年	2015年	2016年
耕地	生态承载力	4.163	4.022	3.917	3.879	3.843	3.774	3.681	3.619	3.575	3.502
	生态足迹	0.714	0.738	0.788	0.834	0.879	0.906	0.922	0.949	0.961	0.970
	生态盈余	3.449	3.284	3.129	3.045	2.964	2.868	2.759	2.670	2.614	2.532
林地	生态承载力	0.164	0.173	0.178	0.166	0.174	0.179	0.183	0.188	0.184	0.191
	生态足迹	0.144	0.146	0.153	0.155	0.146	0.149	0.151	0.157	0.165	0.172
	生态盈余	0.020	0.027	0.025	0.011	0.028	0.030	0.032	0.031	0.019	0.019
草地	生态承载力	0.033	0.037	0.046	0.052	0.059	0.054	0.051	0.056	0.062	0.057
	生态足迹	0.031	0.034	0.039	0.044	0.047	0.053	0.055	0.061	0.064	0.069
	生态盈余	0.002	0.003	0.007	0.008	0.012	0.001	-0.004	-0.005	-0.002	-0.012
建设用地	生态承载力	0.199	0.198	0.198	0.196	0.192	0.190	0.188	0.193	0.197	0.192
	生态足迹	0.098	0.106	0.117	0.136	0.145	0.159	0.164	0.169	0.176	0.188
	生态盈余	0.101	0.092	0.081	0.060	0.047	0.031	0.024	0.024	0.021	0.004
化石能源用地	生态承载力	1.412	1.434	1.480	1.495	1.491	1.470	1.501	1.518	1.537	1.571
	生态足迹	0.113	0.115	0.126	0.131	0.134	0.142	0.158	0.152	0.164	0.177
	生态盈余	1.299	1.319	1.354	1.364	1.357	1.328	1.343	1.366	1.373	1.394

从表 9-2 中可以发现，2007～2016 年九江市各种土地类型的人均生态承载力、人均生态足迹和人均生态盈余状况发展变化差别较大。整体来看耕

地的人均生态承载力在各种土地类型中所占的比重最大，但其整体的人均生态承载力水平从 2007 年的 4.163hm²/人降低的 2016 年的 3.502hm²/人，降幅非常大。耕地的人均生态足迹在研究区间整体上却以 3.5% 的速度呈稳步增长的趋势。相应的，耕地的人均生态盈余随其人均生态承载力的减少而减少。林地的人均生态足迹占比仅次于耕地，在整个研究期间内有增有减，但整体上呈缓慢增长的趋势；九江市林地资源丰富，随着本地区生态环境保护政策的有力执行和经济发展方式的转变等，本地区的人均林地生态承载力以 1.8% 的速率稳步增长。草地的人均生态足迹和人均生态承载力在各种土地类型中所占的比重最小，其整体上呈不断增长的趋势。建设用地的人均生态承载力水平仅次于耕地，但却以 0.38% 的速度不断降低；与之相反的是，其人均生态足迹却以 7.6% 的速度不断增多，这种状况的出现，与本地近几年人口的不断增多、快速的城市化发展紧密相关。化石能源用地的人均生态承载力和人均生态足迹的变化趋势与草地的情况基本相同，但是化石能源用地的生态盈余仅次于耕地的水平，整体上以 8% 的速度稳步增长。

（2）九江市总人均生态承载力和总人均生态足迹。

经过综合整理可以得到九江市整体的年度人均生态承载力、人均生态足迹和人均生态盈余，结果见表 9-3。

表 9-3 　　年度人均总生态承载力、人均总生态足迹和人均总生态盈余状况

单位：hm²/人

评价类别	2007年	2008年	2009年	2010年	2011年	2012年	2013年	2014年	2015年	2016年
生态承载力总计	5.971	5.864	5.819	5.788	5.759	5.667	5.604	5.574	5.555	5.513
生态足迹总计	1.100	1.139	1.223	1.300	1.351	1.409	1.450	1.488	1.530	1.576
扣除12%的生物多样性土地	5.254	5.160	5.121	5.093	5.068	4.987	4.932	4.905	4.888	4.851
生态盈余	4.154	4.021	3.898	3.793	3.717	3.578	3.482	3.417	3.358	3.275

从表 9-3 中可以发现，2007～2016 年九江市整体的人均生态承载力从 5.971hm²/人下降到 5.513hm²/人，减少了 8.3%；九江市整体的人均生态足

迹整体上快速增多，但是九江市整体的人均生态承载力仍旧大于其人均生态足迹，也就是说，2007~2016 年九江市整体的人均生态盈余为正数，但其数值却不断减少，从 2007 年的 4.154hm²/人降低到 2016 年的 3.275hm²/人，说明 2007~2016 年九江市虽然处于可持续发展状态，但其可持续发展水平不断降低，生态环境处于不断退化之中。

由此，我们可以得出结论：2007~2016 年九江区域各类生态足迹中耕地、林地、水域、建设用地和化石燃料用地在增加；耕地的人均生态承载力在各种土地类型中所占的比重最大，但其整体的人均承载力水平呈递减的态势；林地、水域、建设用地和化石燃料用地的生态承载力整体上以较低的速度不断增多。区域整体的生态盈余为正数，但呈现不断减少的趋势，表明九江市目前仍然存在较大的开发空间，但生态环境压力不断增大，人地关系逐渐紧张，可持续发展能力不断减弱。

9.2　江西沿江产业结构布局分析

根据《九江沿江开放开发总体规划》和《九江沿江四大板块产业园区规划》（中国科学院难进地理与湖泊研究所，2012 年 5 月）沿江的产业布局是依托长江黄金水道和京九大动脉交汇的独特区位，重点布局大运量、大用水、大进大出的临港先进制造业，集中打造装备、冶金化工、新材料等若干先进产业制造群，培育一批具有国际竞争力的企业和知名品牌，建成先进制造业基地。发挥港口岸线优势，加快发展港口码头设施和综合物流园区，发展中转型物流。引进新兴商贸业态，发展大市场、大仓储、大物流和大配送。2016 年九江市委市政府又出台《关于实施新工业十年行动的决定》，更进一步地明确了产业发展布局和发展方略。

（1）五大主导产业：石油化工、钢铁有色冶金、现代轻纺、装备制造、电力新能源。

石油化工产业。大力发展石化下游产业，延伸石油加工产业链，高标准建设石化产业园，做大炼化板块。中远期力争将原油综合加工能力提高到 1200 万吨/年；发挥有机硅单体产能优势，提高有机硅原辅料以及终端制品的本地配套率，加快形成硅橡胶、硅油、硅树脂、硅烷偶联剂、氟硅结合为重点的深加工产业链；大力发展精细化工产业，提升化工产业集群竞争力。

现代轻纺产业。发展织造、印染等产业链，拓展产业用、家用纺织品；加快百万吨粘胶纤维项目推进步伐，促进产业链延伸及化纤代棉的结构调整；加强服装研发、创意和品牌建设，形成一批有市场影响力的知名服装品牌。

钢铁有色冶金产业。发展各种型材的特种合金钢产品，积极引进上下游配套项目，打造钢铁循环经济产业集群；抓住"十三五"期间全国城市钢企搬迁的机遇，将湖口打造成为江西省城市钢企搬迁与优化布局的主要承载地和重要平台。提升铅锌等有色金属冶炼、加工产能，加快铜矿、钨矿等系列采选矿项目推进步伐。

装备制造产业。加快推进九江汽车产业园建设，大力发展新能源汽车，实现整车50万辆、发动机60万台的产业规模；发挥好船舶制造产能优势，推进海洋装备产业园船舶消防器材和海洋工程配套装备系列项目，进一步提升九江船舶制造的本地配套，积极培育游艇制造等高附加值船舶产业；把握自动化、智能化的工业发展趋势，力争在智能设备制造领域实现突破。

电力新能源产业。加快火电项目建设，做大电力装机规模；推进光伏产业发展，扩大产能，力争全市光伏生产规模进入全国前列；紧盯彭泽核电项目，切实加快推进；抓好水电、风电、太阳能、地热能、生物质能、页岩气的资源开发，形成传统能源与新能源结合发展的新优势。

（2）五大战略性新兴产业：把发展新材料、电子信息、智能电器、生物医药、绿色食品等战略性新兴产业作为引领经济发展的增长极、转变发展方式的突破口。

新材料产业。完善有机硅新材料产业链，打造全球规模最大的有机硅生产中心；加快玻纤系列项目建设，发展以电子级基布、挠性覆铜板等为主的玻纤复合材料，积极拓展玻纤及复合材料的产品领域，加大玻纤产业的升级步伐；推进高新化工新材料项目建设，扩大化工新材料产业规模；依托钨、锑等金属新材料的资源优势和制造、冶炼生产能力，推动金属新材料精深加工和开发利用。

电子信息产业。依托九江开发区、共青城市等，加快电子材料、电子元器件、智能终端等信息技术制造业的集聚和升级，打造电子信息产业发展孵化基地，形成规模效应和集群效应；大力发展软件与信息服务业，打造本土企业和品牌，积极发展面向行业应用和产业升级的软件服务及管理应用产品。

智能电器产业。加快以小家电、空调等为主的消费类终端智能电器产品开发，不断拓展生产规模，强化产业配套，打造全国知名的电器生产基地；推进机电产业配套，扩大直流无刷马达和变频压缩机的生产能力，打造全国重要的压缩机生产基地；把握自适应进化、多种智能化、网络化的发展方向，加快智能电器产业关键技术研发和市场开拓，抢占市场先机。

生物医药产业。紧紧抓住国家大力发展生物医药产业的契机，提升化学药、生物技术药和医疗器械等方面的产业规模。重视下游开发和上下游的结合，加快关键技术的研发和应用，大力开发新型医药终端产品；努力引进基因工程药物、蛋白质药物等领域的企业，在生物技术药产业取得突破；支持企业改造提升，在医用敷料、卫生材料以及医学设备的配套耗材等方面加强技术突破，形成产业优势。

绿色食品产业。发挥生态优势，推进农业产业化，大力开发各类绿色食品。发展大宗粮食贸易、粮食深加工和食用油脂加工配送产业，打造华中地区重要的粮食集散交易和深加工中心；发展啤酒、保健食疗等产品，促进酒类饮品及保健品产业形成产业规模；发挥依山傍湖的生态优势，大力发展茶叶、水产、油茶等绿色食品产业，开发休闲食品，打造知名品牌，不断做大产业规模。

（3）催生新兴产业。

绿色光电产业。把握 LED、OLED 产业技术发展重点，提升封装技术和品质，大力发展 LED、OLED 应用产品，积极引导节能灯产业向半导体照明产业转型，完善产业配套，形成产业聚集。

节能环保产业。发展水和大气污染防治、城市垃圾和危险废弃物处理处置、环境检测技术及成套装备；加强大宗工业固体废弃资源循环综合利用，构建先进技术支撑的废旧物品回收利用体系。

高端装备制造产业。引进国内外知名的机器人研发和制造企业，发展工业机器人及其系统集成、应用服务；发展海洋装备、高档数控机床、精密智能仪器、远程控制系统以及自动化成套生产线等智能化装备产品及关键部件。

建筑装配产业。依托九江钢铁、水泥的产能优势，把握建筑业转型升级的契机，发展以钢筋深加工、新型组合楼板、新型墙体以及预制部件等为主的绿色建筑产业，培育相应的材料、部件中间体生产企业，形成完整的一体化产业链。

生产性服务业。发展面向工业生产的金融服务、信息服务、物流服务、工业设计、服务外包、检验检测认证、电子商务、人力资源服务和品牌建设等生产性服务业，加快软件园、电商园、金融街、工业设计中心、现代物流园等工业平台建设；开展服务贸易创新，落实国家有关服务业优惠政策，加大产业引导基金对服务业的支持，探索开展供应链融资业务。

（4）产业布局："一心、两翼、三板块"。

"一心"。以九江经济技术开发区为核心，以濂溪区（高科技园）、浔阳区（创新创业园）为支撑，重点发展新材料、新能源、电子信息通信、环保节能与新能源汽车、智能家电、高端装备制造、精细化工、港口物流等产业。

"两翼"。以东部湖区都昌县、庐山市为一翼，西部山区修水县、武宁县为一翼，推动现代农业产业化，发展绿色食品、绿色光电、生物医药、有色矿产等产业。

"三板块"。以湖口县、彭泽县为主体的长江东部板块，发挥港口、码头优势，依托现有产业基础，以钢铁有色冶金、化工、化纤、电力新能源、机械电子、生物医药、港口物流产业为重点，建设承接产业转移升级的工业集中区；以瑞昌市、九江县为主体的长江西部板块，重点发展精细化工、新材料、船舶制造、绿色食品等产业；以共青城市、永修县、德安县以及武宁、庐山市部分区域为主体的昌九南部板块，重点发展新材料、新能源、现代轻纺、电子信息、绿色光电、智能电器等产业。

九江市沿江区域产业园区基本情况，如表9-4所示。

表9-4　　　　　　　　　九江市沿江区域产业园区基本情况

园区名称	规划面积（平方千米）	建成面积（平方千米）	现有主要产业
经济开发区	150	40	汽车及零部件、新材料、新能源、电子电器、现代服务业
浔阳工业园区	—	2.28	石油化工、现代物流、文化旅游

续表

园区名称	规划面积（平方千米）	建成面积（平方千米）	现有主要产业
码头沿江产业区	78	12.06	机械船舶、建筑材料、冶金化工、纺织服装、造纸、新能源
瑞昌工业园	12	3	纺织服装、机械制造、家具制品
赤湖工业园	40	5	建材、纺织、精细化工、轻工制造（皮革）、绿色食品
沙城工业园区	6.7	4	机械电子、纺织服装、绿色食品、生物医药、冶金建材
城东港工业园区	15.07	—	粮油食品、建材、机械电子
姑塘化工园	20	—	玻纤建材、纺织化工
金沙湾工业园	11	11	船舶制造、冶金、石油化工、新材料、纺织化纤
银沙湾工业园	8	—	冶金、电力能源、石油化工、建材、现代物流
矶山化工园	6.67	1.33	生态化工、生物医药、纺织服装
综合工业园	3.33	1.33	建材（水泥）、纺织服装
定山工业园区	3.4	1.07	机械制造、新材料、船舶制造

资料来源：九江沿江四大板块产业园区规划（2012）。

（5）代表性产业的生态链条分析。

①新材料产业的生态链条分析。

新材料是九江市打造千亿级产业集群之一，它主要包括新型材料（赤码、彭湖）、玻纤材料（城西）、胶粘纤维（城东）。

九江在新材料产业布局中，城西的玻璃纤维材料以巨石玻纤为龙头，聚集德福电解铜箔、利基光电、日彩影像、明阳线路板、华强线路板等项目，形成的玻纤细纱—电解铜箔—覆铜板—印制电路板的上下游产业链条。这个产业链不够强、不够长。该产业链需要延伸到电子产品产业链和玻璃纤维复合材料产业链，同时需要增补拓展耐酸玻璃纤维、耐碱玻璃纤维、耐辐射玻璃纤维和低介电玻璃纤维、高硅氧玻璃纤维等产品。

赤码的新材料着力打造新型建材、化工新材料、生物医用材料、节能环保材料4条产业链。目前园区的新材料产业主要是亚东水泥和理文化工两大龙头企业，尚未形成成型的产业链条，因此需要增强、补充和延伸产业链条。新型建材重点发展新型墙体材料、保温隔热材料；化工新材料重点发展氟树脂、氟橡胶、环氧树脂工程塑料等；生物医用材料发展高分子材料、金属与合金材料、复合材料；节能环保材料增补长余辉发光材料、储能材料、环保装备材料及新型洁净能源材料。

②新能源产业。

新能源产业主要是落户于经济开发区的光伏光电产业，以旭阳雷迪为龙头企业，聚集了旭阳光电、上海超日、中辉特、超唯太阳能、润扬切割液等10余个光伏产业链项目，基本形成"硅料—硅片—电池片—电池组件—应用系统"完整闭合的产业链条，形成完整的太阳能光伏产业集群。光伏产业链包括硅料、铸锭、切片、电池片、电池组件、应用系统6个环节。上游为硅料、硅片环节；中游为电池片、电池组件环节；下游为应用系统环节。产业链6个环节所涉及企业数量依次大幅增加，光伏产业链呈"金字塔"形结构。大部分光伏企业的产品集中在硅片、电池片和电池组件，以及应用系统方面。

旭阳雷迪的主打产品是多晶硅锭和多晶硅片。上海超日（九江）主要生产硅片电池；九江中辉特光伏科技有限公司主营太阳能组件；超唯太阳能主营产品为晶硅片及相应配套材料生产。从某种意义上说，九江经济技术开发区的光伏产业初步形成链条，但目前具有一定规模的企业是旭阳雷迪和上海超日（九江），即在产业链的上游和中游有少数企业，其他环节链需要引进相关企业。润扬公司依托浙江大学硅材料国家重点实验室的技术支撑，目前已承接旭阳雷迪、上海九晶、浙江硅宏、浙江昊能广电、百盛半导体等企业订单。该公司主要从事太阳能硅片切割废砂浆再生循环利用，进一步将光伏产业链生态化。

因而新能源产业链的问题在于中下游企业数目过少，需要增粗产业链条，引进光伏电池组件和光伏系统应用产品的企业数目。新能源产业链条见图9-1。

工业园区的光电产业尚未形成产业链条。将来的目标主要是构建光电显示设备产业链，重点发展LED衬底、外延、芯片、切割、封装、应用及测试仪器和生产设备。

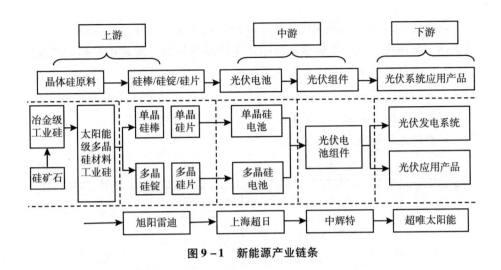

图 9-1 新能源产业链条

③石油化工。

石油化工产业也是沿江开发区的千亿级产业集群,其产业是城东工业区的石油化工和彭湖板块的精细化工产业。

石油化工产业链条包括燃料油、芳烃、丙烯、溶剂油和 C1。燃料油产业链是原油炼化的延伸,发展汽油、航空煤油和柴油等燃料油,加大甲醇汽油、乙醇汽油的生产。芳烃产业链是基于石脑油的裂解产品芳烃。重点发展苯乙烯、聚苯乙烯、精对二甲酸和聚酯。丙烯产业链是以丙烯为原料重点延伸环氧树脂、聚醚多元醇、聚氨酯、丁辛醇和丙烯丁酯。溶剂油产业链是从加氢汽柴油中发展无味煤油、乙烷溶剂、正戊烷、异戊烷和白油。C1 产业链围绕煤制气产生合成气,延伸发展甲醇、聚甲醛、醋酸乙烯、甲醇碳酸二甲酯和聚碳酸酯。

石油化工产业以中石化九江分公司为龙头,聚集在浔阳区工业集中区、濂溪区城东港区。目前,中石化九江分公司拥有原油综合加工 500 万吨/年、聚丙烯 10 万吨/年生产能力。其问题是链条太短,应大力引进精炼成品油、苯类产品深加工等配套项目。

精细化工产业聚集在湖口县、彭泽县工业园区,以中伟科技、新康达化工、天赐化工、之江化工等为主。目前园区的龙头企业太少,需要大力引进,拓展产品链条,发展电子化学、食品添加剂、饲料添加剂、水处理化学品、环保型塑料添加剂等。

以龙达（江西）差别化化学纤维有限公司为龙头的化工产业链，聚集了新康达、乔旭化工等一批企业。新康达主产品为烧碱，龙达正好利用烧碱作添加剂生产粘胶纤维；龙达生产的废液则供给乔旭化工，生产提炼硫氢化钠。园区上下游企业"链式"发展，既节约了成本，又达到了节能减排的目的，助推工业发展绿色崛起，实现了经济发展与生态保护的"双赢"。

石油化工产业链条见图9-2。

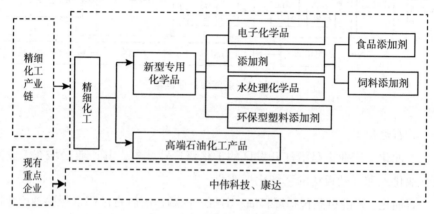

图9-2　石油化工产业链条

城东的粘胶纤维的问题在于下游产业环节的拓展，着力构建化纤纺织、玻纤及复合材料产业链。化纤纺织的产业链条需要依托粘胶长丝和粘胶短丝的发展；玻纤及复合材料，以短切纤维、无捻粗纱为基础，重点发展 SMC、GMT 片材、短切毡等，延伸至车船件和防水卷材、玻璃钢板及玻璃钢门窗等新型建材。

④钢铁冶金产业。

钢铁冶金产业聚集在彭湖板块，龙头企业包括九钢、江铜、新钢—萍钢，主要链条是钢铁有色金属和冶金材料两大产业链。钢铁、有色金属以九江钢厂、江铜铅锌冶炼和优质钢项目为依托；冶金以攀森镍粒合金为龙头，其产业链条见图9-3。

为增强和补足产业链条，需要引进诸如宝钢、河北钢铁集团、鞍钢、五矿有色金属、金川集团等企业。

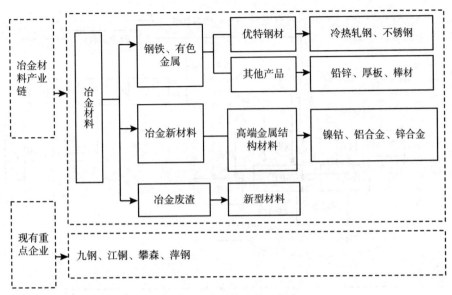

图9-3 钢铁冶金产业链条

钢铁产业生态化方面。金砂湾工业园区已初步形成钢铁冶金产业链，聚集了水泥、耐火材料等产业。九钢生产的水渣、钢渣，可以作为生产微粉水泥的原料，九钢高炉煤气、转炉煤气等一部分用于企业内部发电，其余输送给中冶环保、联达球团厂等作为燃料，每年可节约燃煤5万吨，减少二氧化硫排放约1000吨。钢铁产业生态化链条见图9-4。

⑤装备制造业。

装备制造业产业链向船舶装备（赤码板块和彭湖板块）和汽车装备（城西板块）延伸。彭湖板块利用长江岸线资源拉长产业链，主要包括大型专业设备、新型港口机械装备和船用装备及零部件，其下游的产业链条见图9-5。

汽车高端装备制造产业主要坐落在城西港区，重点发展汽车及零部件、大型专用设备智能制造装备三条产业。汽车零部件以昌河汽车为龙头，抓住微型面包车和轿车，发展发动机、电动转向装置、变速系统、制动及安全系统等关键配件；大型专用设备重点发展大型高精度冶金成套设备、大型核电成套设备、装载机、架桥机和压路机；智能制造装备以数字化、柔性化、智能化重点，重点发展大型、高速、精密数控机床、精密机床、机械加工自动化设备等。

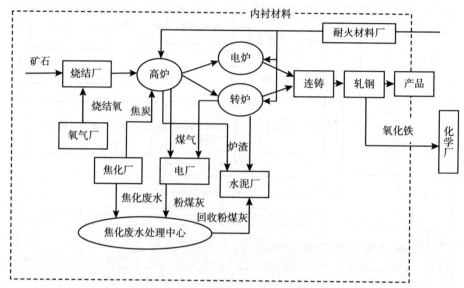

图 9 - 4　钢铁产业生化链条

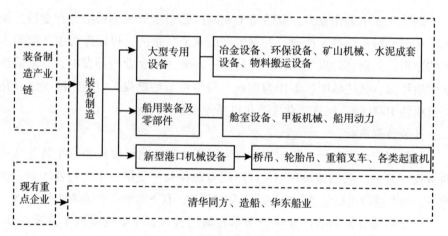

图 9 - 5　装备制造业产业链条

⑥电子电器产业。

电子电器产业位于赤码板块和城西板块，在赤码重点发展汽车电子和家用消费电子。汽车电子主要发展汽车信息系统、导航系统、汽车音响及电视娱乐系统；家用消费电子主要向标准清晰度数字电视、高清晰度电视、数码摄像机、数码相机等发展。

在城西板块，以铨讯电子、志高空调等企业为基础，重点打造应用电子、家用电器消费电子、新兴元器件三大产业链。应用电子结合汽车产业发展，重点向汽车安全电子系统、车身电子控制系统、智能防盗系统发展；家用电器消费电子在空调、数码相机和液晶电视基础上，向数字化方向发展；新兴元器件主要发展移动通信设备及终端、计算机、数字视听设备产业相关的通信器件、传感器器件、半导体分立件、印刷电路板等。

这些方面的问题还是相应的企业规模小，缺乏龙头企业的带动。

⑦纺织轻工产业。

纺织轻工产业主要位于赤码板块和彭湖板块，这方面的产业链严重短缺。以引进龙头企业为核心重点打造绿色食品产业链和纺织服装产业链。绿色食品产业重点发展水产品、果蔬制品和休闲加工业；纺织服装产业重点发展交织织物、装饰用布等附加值高的产品，打造融纺织、面料和服装于一体的产业链。

瑞昌纺织服装产业技改扩能，全力对接理文化纤项目，着手发展其下游的化纤、印染产业，提升产业发展层次和内涵；积极推广先进纺织技术，巩固提高棉纺织产业优势，适度扩大规模，努力提高生产效率，以凤竹纺织技改、华瑞三期技改项目为基础，鼓励引进织布企业，建设高水平、低污染的印染及后整理项目；积极培育凌珂针织、弘茂服装、宝元鞋业做大做强，着力实施"量质并举"及"品牌发展"战略，打造拥有自主知识产权的产品，重点发展以运动装备、羽绒服、牛仔服、西服、鞋帽为重点的品牌服饰。

⑧绿色食品产业。

九江博莱农业集团是一家集农业产品的科研开发、生产、经营于一体的农业产业化经营省级龙头企业，总部位于九江沙城工业园，是一家致力于产业一体化发展的高科技民营企业，占地130多亩。集团主要产业包括兽药、饲料、生物制品、生态种植、养殖、农产品加工、销售及相关配套产业六大产业板块。集团内拥有的企业包括江西博莱大药厂、九江博莱农业生态园有限公司、九江博美莱生物制品有限公司、九江邦尼药业有限公司、九江博莱动物营养科技有限公司、北京日泰兽药有限公司、九江博莱彩印包装有限公司、九江博莱农业产业化生态示范园有限公司、九江博莱肉类食品有限公司等多家子公司。这些企业组成了动物保护、种猪养殖和加工产业的上下游产业链条，这些产业链条布局见图9-6。

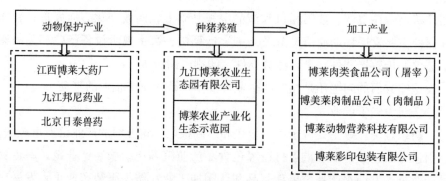

图9-6 九江博莱农业集团产业链条布局

2003年，集团在柴桑区新塘乡兴建了九江博莱农业生态园，建有原种猪场、扩繁场、水禽良种场和水产场。年提供种猪10000头、年出栏商品猪6万头、水禽父母代种苗15万羽、商品代雏苗1500万羽。以此为基地，培育集猪、沼、果、渔为一体的养殖体系，形成生态链条；以生猪屠宰厂和肉制品加工厂为基础，开发农产品精深加工产业，建立基于种植、养殖、农产品加工、运输、销售等环节的一体化产业链。成立了博莱农业产业化生态示范园有限公司，主要包括肉制品、林果、饮品和蔬菜等四大类，200多个品种的精深加工。同时还包括储运、冷藏、保鲜、生态观光旅游等配套工程建设（见图9-7）。

为确保园区产品的市场占有率，博莱集团将充分利用企业品牌和现有"放心肉制品经营连锁店、加盟店"以及全国稳固的省、市、县、乡（镇）立体营销网络，通过实施科学化、标准化、生态化的无公害生产，从而创立博莱自主的生态食品品牌。通过"公司＋农户＋合作社"的经营模式，与农户签订合作养殖合同，专业合作农户近百户，规模养殖，生态养殖。

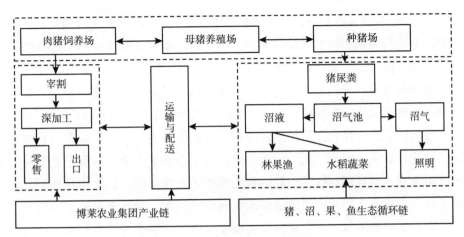

图 9 - 7　九江博莱农业生态园布局

9.3　江西沿江区域绿色发展面临的挑战

从江西沿江区域的产业发展现状来看，要实现"生态优先、绿色发展"，还存在着不少困难与挑战。主要表现在以下几个方面。

9.3.1　经济总量不大，产业聚集不足

九江市 2013～2017 年主要经济指标见表 9-5。

表 9 - 5　　　　　　　　九江市 2013～2017 年主要经济指标

	地区生产总值 （亿元）	财政收入 （亿元）	工业增加值 （亿元）	固定资产投资 （亿元）
2013 年	1601.73	280.20	898.24	1507.78
2014 年	1779.96	328.53	984.95	1812.52
2015 年	1902.68	385.61	1014.59	2119.92
2016 年	2096.13	415.23	1088.90	2428.58
2017 年	2413.63	461.29	1213.25	2730.96

从表 9-5 中可以看出，九江产业总体实力不强，制造业总量偏低，面临加快产业结构调整和转型升级的挑战。沿江地区的经济开发区和工业集中区的工业增加值占沿江地区的比重为 40%，工业总产值仅占 25.37%，沿江地区企业集聚效应尚未凸显；临港企业分布比较分散，开发区规模偏小，难以带动区域特色板块的快速成长。由于我国传统的工业化发展走的是城乡分割、工农分离的道路，使九江沿江地区间的二元结构较为突出，在城市与农村之间、工业与农业之间都呈现二元化格局，不仅造成了产业结构和产业布局的严重不合理，而且还导致了空间结构的严重不平衡。在二元结构状态下，地区之间、工农业之间相互促进的作用受到很大限制，相互牵制的矛盾相当突出。在广大的经济腹地，工业行业难以吸收更多的剩余劳动力和承受较高的农副产品价格，从而抑制了农业生产的发展；而农业发展的缓慢又导致了来自农业的原材料供应不足，并影响工业化资金的积累，从而影响工业的发展。严重的结构性缺陷导致地区自我积累、自我发展能力的低下。同时，大工业开发与地方产业关联度低，轻重工业之间、原材料工业与加工工业之间、农业与轻工业之间、轻工业与市场之间的关联度极小，主要优势重化工产业的波及效果主要体现在遥远的区外相关产业，难以有效地带动地区内相关产业的发展，地方经济不能同重点企业有机协作，重点企业的优势难以发挥，地方的劣势难以弥补。资金、技术力量富集的重点企业与资金、技术力量短缺的地方企业之间缺乏一定的产业联系和地区联系，难以形成资金、技术辐射和扩散机制，严重影响了资金和技术的横向转移和组合，技术开发成果的应用率很低，从而影响整个地区综合技术水平和综合经济效益的提高。

9.3.2 区域发展中的地位没有凸显，面临被边缘化的挑战

在长江经济带中，九江与武汉、上海、南京、重庆城市经济圈比较，差距较大，面临全面的竞争劣势，只能依附于这些城市地域经济圈，但四大城市的产业结构组成对于九江市的城市功能定位有一定借鉴意义。一方面，可作为九江市城市发展的未来目标或开发样板；另一方面，从产业结构、交通运输结构方面看，又形成相互补充关系的可能性，尤其与武汉的经济互补。问题是，即使与镇江、扬州、芜湖等长江沿岸发展较快的城市比较，九江市的经

济发展水平仍有一定的差距，成为长江产业带的"洼地"。在江西省内，与京九铁路沿线的南昌、赣州比较，九江仍然不占优势（见表 9 - 6 和表 9 - 7）。

表 9 - 6　　　　　九江与长江沿线部分城市实力比较（2017）

地区	地区生产总值（亿元）	地方财政收入（万元）	固定资产投资（亿元）	人口（万人）
九江	2413.63	461.29	2730.96	487.33
南通	7734.60	590.60	4959.20	730.50
镇江	4105.36	284.34	2318.63	318.63
芜湖	3065.52	558.41	3342.24	369.62
安庆	1708.60	290.86	1731.20	530.50
黄石	1921.83	203.43	2172.16	740.31
岳阳	3258.03	318.09	2633.55	573.33

表 9 - 7　　　　　　　　九江与省内部分地市实力比较

地区	地区生产总值（亿元）	地方财政收入（万元）	固定资产投资（亿元）	人口（万人）
九江	2413.63	461.29	2730.96	487.33
南昌	5003.19	782.82	—	546.35
宜春	2021.85	354.26	2060.40	555.37
赣州	2524.01	408.32	2510.48	974.25
上饶	2055.40	318.70	2030.60	678.34
吉安	1633.47	251.34	1937.71	494.19

还必须提及，江西省在前些年提出的"昌九一体、双核发展"战略本是十分正确的决策，但不知何故近年来未见再提。原拟中的"昌九新区"也最终成为"赣江新区"，这在某种意义上象征着江西人的内向心理趋势。从经济学研究的结果表明，一体化发展中的双核必须体量、实力相当，才可实现更快更健康的发展；若强弱悬殊，则强的一核凭借自身的吸附作用，使较弱

的一核的要素更快地流向自己，从而由双核变为单核。与南昌相比，九江在政治注意力、经济竞争力、科技与文化实力不可同日而语，在主要经济指标上，虽然近几年差距逐渐缩小，但仍然只有一半左右。因此，无论如何，九江最需要做的是尽可能地将产业做大做强。与此同时，九江正面临比较优势产业渐失的挑战。目前形成的石油化工、钢铁、汽车、建材、纺织服装等具有比较优势的产业，这些传统比较优势产业以重化产业化为标志，其增长既受到供给的束缚，也受到需求的束缚。这些高能耗、低增长率、低附加值的传统产业，不断影响到经济整体的素质和综合竞争力，也偏离了提出"资源节约性，环境友好型"的要求，这些新变化使传统比较优势受到挑战，真正构成比较优势来源的要素是知识与技术，而基于劳动力、土地等生产要素的传统比较优势产业在逐渐削弱的同时，寻求可持续的动态比较优势是九江市推进工业化的关键，也是挑战。

9.3.3 基础设施及硬件环境有待完善

其一，城镇化率偏低。城镇化是工业化的支撑，而据搜狐 2018 年 12 月 11 日财经栏目"江西省各市城镇化率排行"九江为第 6 位，城镇化率为 53.77%；据"2017 年九江市经济与社会发展统计公报"，九江市 2017 年的工业化率为 50.27%。不难得出城镇化和工业化之比（UR/IR）为 1.07，与国际公认的 1.4~2.5 这一合理区间相差较多，这显然会影响九江区域工业发展潜力的发挥，发展呈现不平衡。沿江各县市区工业化、城镇化水平因自然条件、历史基础和社会条件的差异，在空间上表现出一定的差异性。其中瑞昌市、柴桑区、九江开发区、浔阳区、濂溪区、湖口县、彭泽县分别为 0.64、0.73、1.1、3.41、1.93、0.57、0.92。可以看出，除濂溪区处于这一范围和浔阳区本属于九江市区外，其他各县市区均不在此合理范围内。沿江城镇的功能较弱。这表现在：一是沿江区域城镇数量虽多，但对于经济集聚能力和辐射功能偏弱；二是城镇布局和功能划分不明确，缺乏对工业化的支撑；三是沿江各城镇对劳动力的吸纳力和吸引力均较弱；四是城镇化建设资金投入较小，配套基础设施不齐全。

其二，综合交通网不能支撑沿江临港产业的发展。从公路集输运情况来看，目前主要港区如城西港区、城东港区、湖口港区均没有高等级公路接入沿江地区的高速公路。从港区的铁路集输运情况来看，沿江的五个港区据规划了铁路专用线与国铁干线连接，但有四个港区未通疏港铁路专线。尽管彭湖板块的定山工业园、红光工业园、矶山工业园的开发力度加大，但目前彭湖板块的集输运干线、联络线还未有规划；赤码板块的赤湖工业园和码头工业园的产业项目正在推进，但仅仅依赖既有的与港区共用的九码快速通道及赤码工业大道很难满足要求。其现状是：尽管九江水运成本较低，但综合运输成本并不具有优势。

其三，临港物流园区及配套航运服务业发展缓慢，未能真正发挥港口枢纽作用。九江港口码头临港物流园区建设一直较为缓慢，主要公用码头区缺乏保税仓储、临港商贸服务等功能区规划，航运服务业（如船代、货代、航运金融、保险等）发展严重滞后。另外，受主要公用码头区疏港交通不畅、港口综合服务能力不强等因素影响，江西省仍有较大规模的内、外贸集装箱货源通过铁路、公路运往上海、宁波、深圳等沿海港口，经过九江港承运或中转的通用件杂货运输任务仍比较少。因此，九江港的通江达海优势和港口枢纽作用仍未真正发挥。

9.3.4 工业发展与生态环境矛盾凸显

（1）工业结构性污染问题。

九江沿江传统工业发展模式导致体制性、结构性和素质性污染。一是传统考核机制和地方利益驱动，使各地竞相降低门槛，造成体制性污染。二是工业结构性污染，根据九江沿江产业布局和规划，重点发展重化工、船舶、有色金属冶炼、钢铁、造纸及纸制品业等工业，导致产业结构性污染突出。三是素质性污染，沿江小企业主要集中在技术水平低、治理难度大的造纸、制革、电镀、印染、有色金属等行业。

（2）污染物总量控制问题。

从当前的环保形势来看，沿江开发与环境保护之间的矛盾集中体现为新扩建工业项目直接排污量的增加与九江市污染物总量减排要求之间的矛盾。据初步估算，按现行的工业发展速度和治污能力，到"十二五"期末，工业污染排放总量将在目前的基础上增长 150%，直接贡献全市污染排放总量增长 60%。而"十二五"期间，污染物减排难度不断加大：污染物排放约束性指标由两项增至四项，减排量分别为 2010 年污染物总量的 6.8% ~ 16.4%；相关环保政策也日益严厉，省政府对未能完成减排任务的县市，除实行问责制和"一票否决"制外，将采取区域限批等超常规处罚措施。

（3）环境管理体制存在漏洞。

企业进驻园区除了要求必须通过某一级政府的环保行政部门的环评审批之外，对大型的重污染企业还派驻专员实地监督。看似很严格，但在企业排出的废水必须经过园区污水处理厂集中排放这一环节却没有实施，而只由企业本身的污水处理厂处理达标后自行直接排放。毫无疑问，这存在着很大的偷排风险。更有甚者，还出现有的园区污水处理企业将接收的污水不予处理竟然直接渗排的现象。此类情况，中央电视台曾不止一次曝光。

9.4　江西沿江区域绿色发展的对策建议

基于前述分析，笔者就江西长江经济带，尤其是沿江区域产业的绿色发展提出以下对策建议。

9.4.1　树立战略思维，正确把握国家战略机遇

战略思维的目的，就是把握全局、驾驭全局、追求全局的整体利益。全局与局部的关系、重点与一般的关系、当前与长远的关系，是战略思维关注的内容。战略思维的要点就是，抓住重点、抓住机遇、统筹兼顾、推动全局发展。突出重点，就是要求决策者"把自己注意力的重心，放在那些对于他所指挥的全局来说最重要的最有意义的问题或动作上"，放在对于全局有决定意义的局部上，把有限的资源分配投入到解决重大问题上。机遇，就是可能带来质的飞跃和快速发展的机会和境遇。反之，"天与弗取，反受其咎；时至不行，反受其殃。"有机遇没有抓住反而比机遇来临之前更为被动。战略思维的基本方法是系统思维的方法。系统思维是系统科学与唯物辩证法结

合产生的思维方式。从系统的观点出发，着重研究整体与部分之间、整体与外部环境之间相互联系、相互作用、相互制约的关系，综合地、精确地思考对象，以达到最佳处理问题的目的。在系统思维看来，系统不是孤立存在的，系统内部各子系统之间、系统与其他系统之间，本身也处于无休止地运动、变化和发展之中。因此，系统既独立又开放，既相对稳定又发展变化。只有把小系统放入大系统中去分析论证，把系统与外部环境相结合，把系统变化的过程作为预测今后发展趋势的依据，才能争取全局的主动，才能做出战略的谋划。

站在这样的角度，我们面对国家的长江经济带战略，首先应该充分把握给九江发展带来的机遇。无论如何，长江经济带战略是一个关于经济发展的战略，强调保护长江的生态环境只是为了防止和纠正忽略环境保护、损害长江生态的开发行为。不注意发现与把握这一发展的机遇，无疑会带来决策上的重大失误。

之所以特别强调这一点，其一是因为，历史曾给予九江诸多发展机遇，九江也错失了许多发展良机。改革开放以后，我国区域发展战略经历了由"点"到"沿海"再到"沿边"的战略布局，1980 年 2 月，九江港被国务院批准为对外贸易水运口岸，开放国轮直航进出口贸易运输。20 世纪 80 年代中期中国生产力经济学研究会、中国科学院部分学者提出了长江经济带，其内涵是以长江流域若干超级城市或特大城市为中心，通过它们的辐射作用和吸引作用连接各自腹地的大中小城市和广大农村组成经济区，同期江西省委省政府作出"江西经济工作重点北移"的战略构想。1987 年，江西省委省政府又提出"建设昌九工业走廊"的战略决策。然而九江并没有乘势而上，策应跟进，及时转变经济增长方式，调整沿江及昌九走廊的工业布局，丧失了这一轮发展机遇。进入 90 年代，随着浦东开发和三峡工程建设等重大决策的相继实施，国家有关部门提出发展"长江三角洲及长江沿江地区经济"的战略构想，长江沿岸各地纷纷抢抓机遇，掀起新一轮改革开放高潮。1992 年，国务院把九江列为沿江五个开放城市之一，中央给予了一系列优惠政策，而九江又没有很好的利用，没有下大力气去争取国家重要的项目和资金，与这一轮发展机遇失之交臂。90 年代中期，改革开放大潮溯江而上，与此相适应，长江沿江各省份也纷纷将其经济发展重点逐步转向临江城市或地区，并确定各自的战略开发区域，与国家整体发展战略遥相呼应。作为长江腹地的九江，在融入长三角、对接长珠闽上，缺乏实实在在的措施和项目，发展被边缘化。21 世纪初，沿江城市都在紧锣密鼓地开发长江岸线，九江迟迟没有动作。2006 年初，江西省委省政府作出"加快沿江开发"的战略决策，次年又提出"支持共青城发展"和"建设鄱阳湖生态经济区"的战略举措。江西省委省政府作出的三大战略决策，其着力点都在九江，却没有扎扎实实地落实在行动上。跟进不力，举措乏力，致使九江在全省的经济排位逐次后移，2008 年全市财政收入由全省第三退至第四，并有被宜春、新余赶超的危险。在此之后的年月，九江人奋起直追，努力争得应有的地位，发生了显著的变化。也正是由于九江这前所未有的发展态势，才被江西省委省政府密切关注，2012 年提出"九江沿江开放开发战略"，2013 年更提出"昌九一体、双核发展"，给九江的发展以强有力的推动。这充分说明一个地方的发展，勇于抢抓机遇是十分关键的，也充分说明只要思路对头，九江也完全可以占据自己应有的地位。

其二是因为，必须正确认识长江经济带对于江西、对于九江的意义。长江经济带覆盖上海、江苏、浙江、安徽、江西、湖北、湖南、重庆、四川、云南、贵州等 11 省市，面积约 205 万平方公里，占全国的 21%，人口和经济总量均超过全国的 40%。推动长江经济带发展是党中央作出的重大决策，是关系国家发展全局的重大战略。2016 年 9 月由中共中央政治局正式下发的《长江经济带发展规划纲要》，确立了"生态优先、流域互动、集约发展"的思路，提出了"一轴、两翼、三极、多点"的格局。"一轴"是指以长江黄金水道为依托，发挥上海、武汉、重庆的核心作用，以沿江主要城镇为节点，构建沿江绿色发展轴。"两翼"是指发挥长江主轴线的辐射带动作用，向南北两侧腹地延伸拓展，提升南北两翼支撑力。"三极"是指以长江三角洲城市群、长江中游城市群、成渝城市群为主体，发挥辐射带动作用，打造长江经济带三大增长极。"多点"是指发挥三大城市群以外地级城市的支撑作用，以资源环境承载力为基础，不断完善城市功能，发展优势产业，建设特色城市，加强与中心城市的经济联系与互动，带动地区经济发展。长江经济带对我国经济发展的战略意义是其他经济带所无可比拟的。与沿海和其他经济带相比，长江经济带拥有我国最广阔的腹地和发展空间，是我国今后 15 年经济增长潜力最大的地区，应该成为世界中可开发规模最大、影响范围最广的内河经济带。作为长江经济带所包括的省份之一，江西尤其是南昌和九江两个城市的发展状态如何，将决定这两个城市乃至整个江西省能否对这一战略的目标实现做出应有的贡献，同时也决定自身在这个战略格局是否取得应有的地位。这是一个地方对于国家大局应担负的责任，也是对自身的现实、自身的历史应担负的责任。

2018 年 4 月 26 日，在武汉主持召开深入推动长江经济带发展座谈会上，习近平总书记强调，推动长江经济带发展是党中央作出的重大决策，是关系国家发展全局的重大战略。新形势下推动长江经济带发展，关键是要正确把握整体推进和重点突破、生态环境保护和经济发展、总体谋划和久久为功、破除旧动能和培育新动能、自我发展和协同发展的关系，坚持新发展理念，坚持稳中求进工作总基调，坚持共抓大保护、不搞大开发，加强改革创新、战略统筹、规划引导，以长江经济带发展推动经济高质量发展。这是十分重要的、充满唯物辩证法的指导思想，必须结合实际，全面领会，运用到长江经济带发展的实践中。《江西省长江经济带"共抓大保护"攻坚行动工作方案》决定用 3 年时间，以最大决心、最硬举措坚决打赢"共抓大保护"攻坚战，重点聚焦水资源保护、水污染治理、生态修复与保护等"六大领域"，全力推进工业污染防治综合治理，水污染治理能力提升，饮用水水源地保护，城乡环境综合整治，农业面源污染防治，长江及重要支流、湖泊岸线综合整治，固体危险废物整治，森林生态修复，湿地保护修复，生物多样性保护等"十大攻坚行动"，着力构建绿色生态等"四条廊道"，努力构筑长江中游生态安全屏障。这些对于贯彻"生态优先"的思想十分必要，也切实可行。与此同时，也需要深刻领会，"不搞大开发"绝不是"不开发"，只是不能走"大开发"的老路，更不允许走乱开发的歪路，需要的是探索出"绿色发展"的新路。从地方的文化心理倾向角度，江西包括九江在实践中尤其需要防止"共抓大保护"变为"只抓大保护"。应切切实实抓住长江经济带的机遇，应势而谋，因势而动，顺势而为，加速构建"资源节约、环境友好"的绿色发展体系，走出一条"生态优先、绿色发展"的新路子，探索出生态文明示范区的新模式。

其三是因为，需要对自身的生态环境保护的未来有准确的把握和足够的信心。首先，对长江生态环境的保护，要摒弃在江西"长江即九江"的狭隘思维，实施全范围保护、全流域治理。因为鄱阳湖实际上是江西的内湖，其流域总面积占江西全境总面积的94.6%，几乎与省域范围重合，鄱阳湖每年流入长江的总水量占长江多年平均径流量的16.3%，对长江中下游的水资源、水生态和水环境质量影响极大。自20世纪80年代初以来，江西本着"治湖必先治江、治江必先治山、治山必先治穷"的理念，实施"山江湖工程"，使鄱阳湖至今总体上还保持"一湖净水"，为国内外称道，也为江西的长江经济带绿色发展积累了经典的成功案例。因此，在此基础上，开展"鄱阳湖生态环境整治三年行动"，使鄱阳湖出口断面水质达Ⅲ类标准以上，确保"一湖净水"汇入长江的目标一定可以实现。另外，李华旭等将长江经济带沿江地区产业投入产出指标原始数据代入DEAP2.1软件中，采用VRS模型计算得到沿江地区27个城市的2011～2014年产业生态效率。结果表明（见表9-8），九江的产业生态效率在27个城市中处于稳定优良之列。

表9-8　　　　2011～2014年长江经济带沿江地区产业生态效率（DEA）

城市	2011年	2012年	2013年	2014年	城市	2011年	2012年	2013年	2014年
上海	1.000	0.995	0.980	1.000	合肥	1.000	0.975	1.000	1.000
南京	0.948	0.982	0.979	1.000	马鞍山	0.887	0.806	0.765	0.723
镇江	0.870	0.877	0.867	0.879	安庆	1.000	1.000	0.958	1.000
扬州	0.849	0.869	0.869	0.905	铜陵	0.821	0.745	0.742	0.741
苏州	1.000	1.000	1.000	1.000	池州	1.000	0.865	0.831	0.821
无锡	0.999	1.000	1.000	1.000	芜湖	0.972	0.841	0.829	0.840
常州	0.860	0.887	0.933	1.000	九江	1.000	1.000	1.000	1.000
南通	1.000	1.000	1.000	1.000	武汉	0.967	1.000	1.000	1.000
泰州	1.000	1.000	0.992	1.000	重庆	1.000	1.000	1.000	1.000
杭州	0.863	0.867	0.861	0.879	泸州	1.000	1.000	1.000	1.000
嘉兴	0.811	0.790	0.783	0.765	攀枝花	1.000	1.000	0.942	0.948
宁波	1.000	0.952	0.953	0.983	成都	0.936	0.936	0.989	1.000
绍兴	1.000	1.000	0.989	0.994	宜宾	0.977	0.839	0.944	0.785
舟山	1.000	1.000	1.000	1.000					

资料来源：李华旭，孔凡斌.长江经济带沿江地区产业生态化效率研究.企业经济，2016（10）：102-108.

这虽然不能充分说明全部问题，不能否认近年来沿江园区出现对长江生态环境的损害行为，但可以自信地断言，江西沿江产业的发展与长江生态环境之间的矛盾完全可以通过区域产业生态战略管理获得破解。面对长江经济带国家战略，江西尤其是九江必须有所作为，应该乘势而上，赶超发展、跨越发展。不能一强调经济发展，就对企业的排污监管乏力，甚至睁一只眼闭一只眼；一强调生态环境保护，就畏首畏尾，裹足不前，不敢招商引资。一定要保持战略定力，避免左右摇摆，错失发展机遇。

9.4.2 找准发展方位，构建高效生态产业体系

要把握长江经济带机遇，首先必须清楚江西尤其是九江所面临所处的发展方位。由于长江大水量、大运量之利，其形成以重化工业为主体的产业格局，既是产业布局的必然选择，也是已经形成的产业布局现状。而且从国家的经济安全来说，也离不开重化工业，这是由我国的国情所决定的。另外，按照长江经济带的规划要求，必须引导产业有序转移。一是突出产业转移重点，下游地区积极引导资源加工型、劳动密集型产业和以内需为主的资金、技术密集型产业加快向中上游地区转移。中上游地区要立足当地资源环境承载能力，因地制宜地承接相关产业，促进产业价值链的整体提升。二是建设承接产业转移平台。推进国家级承接产业转移示范区建设，促进产业集中布局、集聚发展。积极利用扶贫帮扶和对口支援等区域合作机制，建立产业转移合作平台。鼓励社会资本积极参与承接产业转移园区建设和管理。三是创新产业转移方式。积极探索多种形式的产业转移合作模式，鼓励上海、江苏、浙江到中上游地区共建产业园区，发展"飞地经济"，共同拓展市场和发展空间，实现利益共享。也就是说，江西沿江区域产业发展既要立足于承接产业转移、招商引资，又要立足于传统产业转型升级，实现绿色发展。

其次按照"中心—外围式"的区域经济模式，中心城市的辐射范围有一定限度。其区域范围是以市场区为微观基础，通过各种经济力量相互作用而产生。长江经济带的特征决定了没有哪一个中心城市的势力范围可覆盖整个长江流域的东西跨度。因为，其一，在运输通道上，南北向流动的物流已经在客观上改变了长江横贯东西的优势，将沿江地区分割成几个块状的经济区

域。其二，在行政体制上，行政省区间彼此相对独立，产业间的分工合作、资源共享受到极大限制。九江是江西省唯一的地级沿江城市，而岸线只有152公里，在分割的块状经济区域中，九江的份额很有限。其三，在经济结构上，以点状分布产业布局态势所形成的各具特色的产业密集区，相互之间缺乏内在的技术经济联系，由此，地理上处于承东启西的九江，并没有成为技术经济梯度转移的节点也在一定程度上是必然的结果。其四，九江居于长三角城市群和武汉城市群之间，但由于中心城市的经济辐射半径，无论从公式计算还是实证研究，九江都恰好处于两大经济圈的边缘和邻接处，再加上行政分割等原因，虽然表面看起来承东启西可占两者之利，但实际上两大块都没靠上，也很难靠上。另外，由于长江流域，尤其在中下游区域，资源禀赋比较接近，区位条件比较相似，产业门类比较同构，尽管推进长江经济带战略，也不可能使这种格局在短时间内有根本改变。所以强调九江的区位优势，等待从总体上的分工或布局，只能是自我麻痹。我们应清醒地认识到，长江经济带战略对九江市乃至江西省意味着，物流交通方面将有更多的项目与合作，但在产业经济方面带来的将会是更加剧烈的竞争。所以必须积极对接长江经济带规划，构建高效生态产业体系，也就是根据产业与资源环境之间的共生互补原理，运用生态学原理和系统科学方法，利用自然界物质循环系统，通过采取相应的技术和管理措施，建立起来的生态合理、经济高效、持续发展的现代产业体系。

第一，坚持深化昌九一体，打造承接产业转移示范区，利用昌九沿线广阔的腹地，与沿江区域构成的"T"形工业带，充分发挥现有产业布局和产业基础优势，整合各类开发区、产业园区，加强产业链的分工协作，引导生产要素向这一地区集聚。一方面，依托产业基础和龙头企业，积极推动石油化工、钢铁有色、纺织服装、装备制造和电力新能源等产业改造升级，坚决淘汰落后产能；另一方面，大力发展新材料、电子信息、智能电器、生物医药、绿色食品等产业。除了继续承接长江中下游的产业转移外，还要拓展招商视野，积极北向招商。所谓北向招商，就是既力争中央企业的布点，又包括沿京九沿线特别是京津冀经济圈的产业转移。通过承接产业转移，贯彻产业生态化理念，优化产业生态布局，补足、延伸、壮大现有的产业链，促进产业集群发展，推动传统产业整合升级，并逐步向制造业的后端扩展。

第二，发挥沿江港口优势，打造现代物流集散示范区，培育产业市场。借助九江的沿江优势，重振九江的码头文化，促进相关产业的物流、信息流和人才流在九江集聚，提升九江的注意力，推进产业集群。目前迫切需要：首先，做优沿江港口，打造物流优势。重点建设 10 个港区，即九江港的城西港区、城区港区和湖口港区，瑞昌港的金丝港区、码头镇港区、梁公堤港区以及彭泽港的砂矿港区、城区港区、彭郎矶港区和马垱港区。着力解决目前主要港区的陆域堆存能力不足和集疏运通道"瓶颈"及功能分布不合理的问题，充分发挥现有港口的能力。同时，在核心港区新建集装箱、件杂和散货大型专业化泊位，以弥补老港区的短缺和不足。其次，推动铁路专用线建设。加快推进官湖港口站、湖口金砂湾工业园、瑞昌码头工业园、彭泽工业园专用线建设。积极做好其他港口、园区专用线筹建工作。最后，结合九江中心港区的功能重构，推进原有铁路后移改线及升级改造，加强铁路节点、货物转运站等配套设施建设。

第三，发挥农业资源优势，建设生态农业模式展示区。农业产业化是以市场为导向，以经济效益为中心，以主导产业、产品为重点，优化组合各种生产要素，实行区域化布局、专业化生产、规模化建设、系列化加工、社会化服务、企业化管理，形成种养加工、产供销、贸工农、农工商、农科教一体化经营体系，使农业走上自我发展、自我积累、自我约束、自我调节的良性发展轨道的现代化经营方式和产业组织形式。它实质上是指对传统农业进行技术改造，推动农业科技进步的过程。这种经营模式从整体上推进传统农业向现代农业的转变，是加速农业现代化的有效途径。近几年，已经形成不少像彭泽县的"稻—虾—蟹"立体养殖模式、都昌县的"猪—沼—农"立体畜禽养殖模式、武宁县的全域旅游模式等值得大力宣传推广的农业产业化发展的模式。将这些模式及其产品打造成为品牌，无疑具有突出的价值。

第四，调整产业比例关系，按照生态优先的原则对区域内三大产业的比例关系进行优化。具体包括：一是以发展生态农业为基本导向，优化农业结构，延长农业产业链，稳定农业在整个结构中的比例关系；二是利用绿色生态技术调整制造业技术结构，加快污染产业改造，发展高新技术及环保产业，加速向知识技术密集型结构的转变，适当降低第二产业比重；三是积极发展现代生态服务业，提高第三产业所占比重，使第三产业成为高效生态经济发展的新的增长点。

第五，加快对传统产业的生态化改造。按照生态高效的要求对传统产业发展进行重新设计和定位，鼓励企业积极采用绿色、生态技术，探索良性发展的循环经济模式，特别是对污染严重、与生态环境冲突激烈的企业加大监管力度，督促其尽快实现知识化、技术化改造。

第六，大力发展新兴生态产业。产业结构生态化要遵循生态效益的目标，经济发展不仅要保护环境，而且要挖掘经济潜力，探索新的经济增长点。发展新兴生态产业成为必然选择，这就需要通过区域产业结构生态化发展，使区域绿色市场和新兴生态产业得到跨越发展，使生态产业成为区域经济发展的战略产业和新的增长点。

9.4.3 坚持生态优先，坚决守住长江生态红线

坚持生态优先，首先必须辨析长江水资源、水环境、水生态的基本特征及内在关联。水资源偏重于数量特征，需要约束其利用上线，使其与水资源承载能力相匹配，将枯水时段作为水资源优化配置的重点；水环境偏重于质量特征，需要明确其质量底线，使其与水环境功能相匹配，将保护以饮用水、源头水为代表的优质水和消除以黑臭水、劣V类水为代表的差水作为水环境治理保护的重点；水生态则是由两者共同支撑的功能体现，需要警示为保护红线，使其与生态系统质量和稳定性相匹配，将提升水体自净能力和保护水生生物多样性作为水生态保护修复的重点。实现长江大保护和高质量发展的必要条件是上线不能触碰、底线不能突破、红线不能逾越。

长江经济带的生态红线包括：①沿江岸线一公里之内不得新增布局排污企业；②确保不向长江非达标排放；③新引进企业按照生态化的要求布局。为能做到坚守红线，必须在明确责任主体、提高监管能力、完善监督机制、严格问责追责这四个方面下功夫。

第一，明确责任主体。

强化地方人大的地方环境资源的立法主体地位。地方人大应用好地方人大立法权，深化细化环境资源立法，优化法制环境。产业生态化的发展需要综合运用法律手段、经济手段、政策手段、舆论手段等予以保障其良性运行，

如相关政策法规体系、评价标准体系、行政监管体系等，使产业生态化的推进进入法制化、制度化、规范化和科学化的发展轨道。为推动产业生态化，地方人大应结合本地区的经济社会发展实际，加强以下规制：一是规范约束企业的资格、品质和素养，凡粗放经营、浪费资源、污染环境的企业不得批准成立（原有这类企业要限期整改或淘汰），只有合乎循环经济发展要求的企业才可准予成立；二是有效约束各类主体的行为方式符合环境伦理规范，善待自然，保护环境，促进人与自然的和谐与协调，如要求企业采用先进的科学技术和生产工艺，简化包装并进行包装物的回收再用，对产品的生命周期全过程负责等；三是明确生态环境资源的所有权关系，设定占有及使用生态环境资源的法定程序，确立自然生态资源的有偿使用制度；四是禁止各种非法开发利用资源、非法排污、损害生态资源及破坏生态环境的行为。

明确非达标排放的环境损害责任。例如，污水处理厂出水达标排放是《水污染防治法》的明确规定，污水处理厂只要接纳了这个污水，就要按照法律的规定达标排放，这是法律责任。要履行好这个法律责任，首先，必须把可能出现的情况搞清楚，不能糊里糊涂地就签合同。因为作为企业，是专业机构，在建污水处理厂之前就应该调查评估污水来源。PPP 合同中要明确哪些污水可以进，哪些污水不能进，或者治到一个什么程度才能进，如果发现某些废水可能导致污水处理厂不能正常运行，就应该提前在 PPP 合同里面说清楚，这些废水拒绝接受，或者要接受的话要给它一个纳管标准，只有满足了纳管标准才能入管网。如果污水处理厂因为想把项目拿下来，但没有把可能产生的问题搞清楚、想明白，一旦发生问题责任应由污水处理厂承担。也就是说，污水处理厂在接受来水时就要认真严谨，有这个能力，能保证达标处理再承担这个项目。其次，若工业企业纳入的污水达标，污水处理厂超标，责任在污水处理厂；工业企业入网的水超标，那责任在工业企业。但污水处理厂也有责任发现问题及时报告政府部门。如果报告了，并且有事实依据，政府有关监管部门不处理、不作为，污水处理厂就可以起诉。

《水污染防治法》要求工业企业必须先进行预处理，达到污水厂能够接纳的水平之后才可以入网。工业企业和城市污水厂要签订委托处理合同，环保部门按照相关的法规标准和委托处理合同确定的浓度，加强对工业企业的监督。政府部门要维护和保障污水处理厂的权利，一旦 PPP 合同上规定了纳管标准，监管部门就要按照标准去监管相应的工业企业。环保部门一定要会同住建部门明晰工业企业和城市污水厂的责任，按照委托处理合同所规定的数值和国家有关规定严格依法监管。政府对污水处理厂本身也要加强监督，对污水厂的拨款应当按照水质水量拨付，不达标的不能给污水费。恶意偷排污水的就必须依法从严惩处。

总之，各方都要有担当。就是政府要有政府的担当，企业要有企业的担当，通过政府更好地发挥作用来激发和保障市场主体发挥决定性作用。

第二，提高监管能力。

首先，加强环境监管基层基础能力建设。实施环境监管机构达标建设工程，对照国家各项建设标准，强化基本和专项监测仪器设备配置，实施环境监测、监察、宣传教育、信息和固体废物管理等机构标准化建设，到"十三五"末，全面达到国家标准，装备水平满足日常监管的工作需要。开展环境监测综合分析能力建设，加强监测质量控制，地级以上环境监测站基本具备地表水、空气、土壤全指标分析能力。全面推进环境管理信息化建设，建设环境信息资源中心及环境监测空间信息平台等应用系统，实现业务管理信息化、管理信息资源化、信息服务智能化。

其次，加强环境质量监测与评估能力建设。按照污染源状况、环境质量现状及其变化趋势、潜在环境风险的基本要求，重点突出环境监管装备能力建设，基本建成覆盖全市高效运行的环境质量自动监测网。根据区域产业布局，所有污染源、危险废物排放源、放射源实现视频在线监控。

再次，加强环境预警与应急能力建设。建设危险废物监管物联网系统，对全市重点危险废物产生单位、全部危险废物运输车辆和危险废物经营单位实行在线监管。建设危险废物监管物联网系统，对全市重点危险废物产生单位、全部危险废物运输车辆和危险废物经营单位实行在线监管。建设区域危险废物突发事件救援处置基地，快速监测和安全处置突发环境事件产生的危险废物。

最后，加强环境监管机构队伍建设。在人才招录和引进中应给予一定的政策倾斜，坚持公开、公平、公正的原则，将具备环保专业技术特长和管理经验的优秀人才充实进环保队伍，不断加大培养力度，大力提高环境监管队伍思想政治素质、业务工作能力和职业道德水准。

第三，完善监督机制。

要不断完善对企业履行环保责任的监督机制，对环境监测数据做到真实、准确、全面。对环境监测数据造假现象，首先，发现问题立马查处、严肃查处，并且不是一般的追责问责，不是"蜻蜓点水"，做到让其不敢。其次，通过体制机制的改革创新，人防加技防，做到让其不能。最后，做到反复强调、宣传，同时发现问题严肃查处。对于确确实实做得好的，在一些政策和其他方面，给予奖励、鼓励和支持，引导大家认识到它的重要性，把监测工作做好。

第四，严格问责追责。

自2015年1月起，我国施行《环保法修订案》，即所谓的新环境保护法。新法施行"按日计罚"，罚款数额上不封顶，将倒逼违法企业迅速纠正其污染行为。对情节严重的环境违法行为适用行政拘留。对有弄虚作假行为的环境监测机构以及环境监测设备和防治污染设施维护、运营机构，规定承担连带责任。领导干部虚报、谎报、瞒报污染情况，将会引咎辞职；面对重大的环境违法事件，地方政府分管领导、环保部门等监管部门主要负责人将"引咎辞职"。对环境排污的违规违法行为相关企业、相关责任人，要坚决惩处绝不姑息。

9.4.4 加强区域联动，引导区域生态产业集群

九江沿江区域以及沿昌九线产业园区较多，但各园区内部企业关联度低，各园区之间也互不相关，不利于形成产业共生。必须树立沿江区域招商"一盘棋"的思想，构建区域产业信息平台，收集整理各园区的产业信息，找出互相之间的直接关联度和潜在的关联度，增强、补足和延伸产业链。并且，全面推进循环生产方式，促进企业、园区、行业间的原料互供、资源共享，链接共生，提高大宗工业固体废弃物的综合利用，构建循环共生产业链，并在此基础上发展产业集群。

第一，规划产业集群，确定核心企业。

依据九江的产业基础和环境条件，对已经确定的五大主导产业和五大战略性新兴产业，立足于发展成产业集群，对其发展现状、存在问题、发展方

向及发展趋势进行分析研究，特别要对产业集群的产业定位和现有骨干企业以及可能引入的与原有企业存在潜在协同和共生关系的企业进行深入研究，选定或引进产业集群的核心企业。招商引资的企业，既要"顶天立地"，又要"铺天盖地"，而只有"顶天立地"，才能更快地"铺天盖地"。顶天立地的企业能够拉动上下游企业的发展，顶天立地不仅要个头大，而且要具有很强的带动力。例如，石油化工的问题是有龙头企业，但没有发挥龙头的带动作用；装备制造业和电子电器行业的突出问题都是缺乏核心或龙头企业，需要从全球产业转移认识九江产业的结构与条件，抓住国际产业转移和国内产业转移的动态，重点瞄准大企业、大项目，盯住央企，盯住国内"500强"，盯住世界"500强"，加强招商引资。

第二，围绕核心企业，构建生态链网。

产业链是产业集群的核心与基础。在已有或拟引进核心企业的基础上，应大力构建产业生态链网。例如，依托星火有机硅，在现有发展状态的基础上，不仅可以更大力地发展有机硅中间体以及深加工产品，还可以着眼拓展其应用领域，有目标、有重点地招商引资，纵向共生、横向耦合，构建体系完整的生态产业链网。

生态产业链网的构建是在企业内部、企业之间建立产业链以实现对物质和能量等的更有效利用，物质、能量等的循环与共享是通过具体的集成方案得以体现的。在系统集成方案中，将应用生态学和系统工程方法，把最先进的工艺、最具有市场前景的产品融入生态产业链设计中。依据九江区域产业的实际，系统集成主要包括物质集成、能量集成和信息集成。

为强化生态产业链网的关键，一方面，构建九江区域产业生态信息平台，建立完善的信息库、计算机网络和电子商务系统，并进行有效的集成，充分发挥信息在集群内部、与外界交流以及对集群管理和长远发展规划中的作用；另一方面，建设四大板块的铁路专用线，并且建设沿江铁路使包括沿江各园区的"T"形工业带之间直接互联互通，实现整个区域产业的物流、信息流的高效益流动。

第三，加强管理调控，推进生态集群。

生态集群需要政府、集群整体和企业3个层次进行生态化管理。政府着眼于宏观方面进行战略管理、政策导向、法规建设和建立激励机制；集群管理则侧重协调生产企业和技术、产品、环境、经济等多个部门的关系，保证物质、能量和信息在整个集群内的最优流动，达到整体能源和原材料使用最小、废物产生量最小的目的；企业管理主要推行清洁生产、节能降耗、环境友好型产品的研发与设计，产品绿色包装和绿色物流系统的建设以及环境标准化和标志管理等，并按照废物交换关系优化原料/产品/废物的关系，保证高效、稳定的正常生产活动。

总之，围绕龙头产业项目，大力推行产业招商，通过分析产业链条中的空缺，实施针对性很强的"填空式"招商，填补产业链条中的空白，加速产业集聚发展步伐。同时，按照"区域集中、产业鲜明、优势互补、联动发展"的原则，根据沿江与沿线、沿江四大板块之间发展定位不同，在发展中各有侧重，互为补充，加快形成功能完善、产业协作的发展格局。

9.4.5 转换惯性视角，大力发展现代环保产业

第一，环保产业是指在国民经济结构中以防治环境污染、改善生态环境、保护自然资源为目的所进行的技术开发、产品生产、商业流通、资源利用、信息服务、工程承包、自然保护开发等活动的总称，主要包括环保机械设备制造、自然保护开发经营、环境工程建设、环境保护服务等方面。在美国称为"环境产业"，在日本称为"生态产业"或"生态商务"。长江经济带的绿色发展，使环保产业的发展处于突出的位置。我们首先必须转变以 GDP 为中心的惯性思维，充分放大现代环保产业的环境保护和经济增长的双重价值。

党的十九大报告指出，中国特色社会主义进入新时代，我国社会主要矛盾已经转化为人民日益增长的美好生活需要和不平衡不充分的发展之间的矛盾。从原来的"物质文化需要"到"美好生活需要"，从解决"落后的社会生产"问题到解决"不平衡不充分的发展"问题，反映了我国社会发展的巨大进步及人民群众对美好生活环境的不断追求，也体现了我们党始终把人民利益放在第一位。人民日益增长的美好生活需要包括对美好生态环境的期盼。良好的生态环境是最公平的公共产品，是最普惠的民生福祉。

环保产业本质是什么？环保产业是公共服务的外延，这部分公共服务政府不自己干，外派给产业，才有了环保产业。因此，环保产业是政策拉动型

的产业，政策的核心是政治。中国共产党的政治正确，就是旗帜鲜明地表达了党的权力来源于人民，党的初心和使命就是为人民群众谋福利、为中华民族谋复兴，人民的利益高于一切。党的十九大报告指出："建设生态文明是中华民族永续发展的千年大计。"习近平总书记明确指出，要像保护眼睛一样保护生态环境，要像对待生命一样对待生态环境。当危险废弃物开始影响人民的生活时，从根本上讲，就成为了严重的政治问题。

第二，环保产业的发展已经从单元服务时代，到系统服务时代，现在已经进入创造增量的时代。在单元服务时代，以"点"的治理服务为核心，以低成本达标为追求，产业的推动力是不断提高的排放标准，不断从严的环境监管，环保产业靠标准、规划驱动，靠投资拉动驱动。随着资本市场的云集，必然导致各种产业的介入，从而出现低价竞争。在系统服务时代，很多环保企业开始转型，进入以"线"的服务为核心的时代，不能仅满足于一个污水处理厂的达标排放，而是需要为行业提供环境质量、环境效果等系统服务，让老百姓感知到天蓝水清。但这两个阶段，都是成本中心，都是靠政策拉动，都是围绕标准在做，只不过是由点的标准变成了要求质量、更为宽泛的环境标准。如今，环保产业正在进入创造增量的时代，是政策与市场双轮驱动的时代。笔者将其称为现代环保产业时代。在这个时代，就是转变单纯以经济建设，尤其是以 GDP 为中心的惯性思维，确立以人民为中心的发展理念，同时环保产业要创造价值，要从成本中心走向价值中心。

第三，环保产业已经或正在成为快速增长的产业。据《2018 年中国环保行业经济运行现状、行业现状与需求及环保行业发展趋势分析》称：2011 年以来，环保板块业绩高速增长。统计了 60 家环保上市公司的业绩情况，板块整体营收增速自 2011 年以来均保持在 18% 以上，复合增长率达到 22.92%。2017 年，60 家公司合计实现营业收入 1649 亿元，同比增长 25.24%；实现规模净利润 221 亿元，同比增长 21.52%。净利润增速虽不及营收增速，但 2011 年以来 6 年复合增长率依然达到了 16.70%，增速依然保持在高水平。从细分行业来看，水处理、固废、监测领域的营收、净利润增长均最为显著，利润与收入增长基本保持一致。

可见，环保产业的发展不仅是生态文明建设的需要和重要内容，同时也已成为经济增长的重要源泉。大力推动现代环保产业的发展，不仅是重大的政治，也是大有希望的产业经济。

　　环保产业之所以成为经济增长的来源之一，源头就是优良的生态环境，就是"绿水青山"。现代环保产业的使命，就是要解决如何落实"绿水青山就是金山银山"。

　　保护绿水青山，恢复绿水青山，都需要投入资金。落实"绿水青山就是金山银山"就要使单纯花钱的项目变成投钱的项目，变成投资。也就是说，要有明确的商业模式，才能吸引社会资本投入，才能使单纯政策驱动变成政策和市场双驱动。尤其像生态修复、生态建设这类环保项目就必须将未来的生态资产转化成经济收入，反哺前期的投入。不管是建成生态公园、休闲娱乐区域、高端社区，还是修复环境之后发展新的产业，都能打通产业链形成闭环。所以现代环保产业的本质，也是最终要为用户服务、为百姓服务，然后才创造价值。需要通过市场化、专业化、产业化的路径，打好蓝天、碧水、净土保卫战。

　　首先，建立明晰产权，公开透明、公正公平的生态资源产业化交易市场，走企业化、市场化为核心的发展道路。制定生态产品和服务的统一标准规范，实行标准化生产和全过程化控制，保障产品和服务质量。引导激发市场引力和企业活力，保障其合法权利，创造良好的环境，为现代环保产业提供政策法规的保障，鼓励企业积极主动参与环境污染治理和公共资源交易。通过税收、金融、法制等相关手段和政策引导生态产业有利可图，通过政府规制下产业政策导向，促进企业自觉参与到生态产业与绿色发展建设中。企业要找准市场，利用税收、金融、土地等方面的优惠政策，在生态红线范围外开展适度产业化生产，提供优质的生态服务产品，实现利益最大化。

　　其次，创新投融资机制。充分发挥财政资金撬动功能，带动更多的社会资本参与生态修复。例如，通过政府和社会资本合作（PPP）、发展绿色金融、鼓励符合条件的治理与修复企业发行股票、开展重点行业企业环境保护污染强制责任保险试点等方式鼓励国企、民企、外企等方面资金投入。通过无息贷款、低息贷款、优先贷款、延长信贷周期等方式，加大对生态建设项目的信贷支持；要鼓励发行绿色金融债券等投资周期长、规模大的金融产品；开展林地、草场、水面等物权融资试点，建立健全资源变资产、资产变资本、资本变资金的有效机制；建立生态环保企业债券增信机制，支持符合条件的生态环保企业运用短期融资券、中期票据和企业债券等债务融资工具进行市场融资。

最后，健全生态补偿机制。生态补偿机制是"绿水青山"保护者与"金山银山"受益者之间的利益调配机制。例如，作为全国首个流域生态补偿试点，黄山新安江流域治理的成功探索，政策的支持发挥了极大地推动作用。新安江流域生态补偿机制试点中最大的亮点是皖浙两省的"对赌"。若年度水质达到考核标准（P≤1），则浙江省拨付给安徽省 1 亿元；若年度水质达不到考核标准（P>1），则安徽省拨付给浙江省 1 亿元；不论上述何种情况，中央财政都将把 3 亿元资金全部拨付给安徽省。通过两轮试点的推进，新安江流域治理取得了环境效益和经济效益的"双丰收"。在污染共治、生态共建、成果共享的同时，他们又结合生态补偿机制试点，倒逼产业转型，构筑绿色产业体系，实现了绿色生态与绿色发展的和谐统一。

9.4.6 整合区域资源，构建绿色发展支持体系

长江经济带战略的显著特点是突出强调"生态优先，绿色发展"，这与江西省作为"国家生态文明建设示范区"相呼应，九江恰好居于两者交互点，构建绿色发展支持体系，既可以更好地彰显九江的生态优势和底蕴，又能更有效地整合区域内外的资源，弥补发展的软肋。

第一，完善政策支持体系。

许多企业对产业生态化转型尚缺乏积极性，其主要原因是缺乏利益驱动和约束机制。应加强产业政策引导，加大对产业生态化发展的资金支持，鼓励扶持生态产业技术的研究与推广，发挥好政府投资对社会投资的引导作用，使产业政策对产业生态化转型发挥显著作用。针对浪费资源、污染严重、工艺落后的产业部门，应果断采取限制性产业政策甚至产业退出政策，援助企业退出和产业转型，消除产业退出障碍。积极按照生态化标准建设产业园区，建立各种资源回收、循环利用系统，优化产业布局，延伸生态产业链，拓展产业群，推行清洁生产，鼓励企业采用新原料、新工艺，通过生态化改造，提高资源利用效率，减少或避免污染物的产生和排放，提高企业综合经济效益。对产业生态化发展和推行有积极贡献的要给予奖励，对于耗能大、排污

重的不规范企业予以惩治；在制定相关的税收政策、扶持政策等方面，鼓励企业采用自愿原则来推行产业生态化，鼓励企业自主创新，以更低的成本，生产更加环保、绿色、清洁的产品，在越来越受欢迎的市场中脱颖而出，获得收益。

由于绿色发展的时代性和探索性，应该组建绿色发展政策研究的专门机构，以利于更深入地发现新问题、研究新问题、制定新政策，不断优化、完善绿色发展的政策支持体系。

第二，强化科技支持体系。

九江市整体科技资源较少，科技人才结构性缺乏，不能适应产业绿色发展的需求。必须创新科技体制机制，为区域推进产业生态化提供有效的科技支持。

打造产业生态技术创新平台。由于产业生态技术具有一定的公益性，因此，除了鼓励、支持企业自主研发产业生态技术之外，更需要鼓励江西省市高等院校、科研机构与企业共同参与、协同配合，建立产学研合作机制，搭建产业生态技术创新联盟或协同创新中心，加快产业生态技术研发与应用，努力支撑企业、园区乃至整个区域实现绿色发展的目标。

创办专业化科技服务机构。按照业务特色化、服务标准化、管理信息化、机制市场化的要求，重点培育一批技术转移、科技成果交易、技术评估、风险评估等科技中介服务机构。形成科技服务、对外交流、风险投资三大支撑体系，并逐步达到专业化、规模化、规范化。

创建产业生态科技资源信息共享平台。以权威、准确、完整、实用、便捷为目标，运用大数据、云计算、物联网等技术，创建区域产业生态信息管理服务系统，为区域产业生态化发展提供支持，包括人才、成果、企业上下游产业链信息、企业技术招标、难题攻关、项目需求、工程配套、企业产品、科技产业政策等科技信息。

加大科技投入支持力度。科技投入体系是科技支撑体系的重要组成部分，是实现科技创新的基础。要建立和完善以政府财政投入为引导，以企业科技创新投入为主体，以银行信贷、资本市场融资和风险投资为支撑，以"研、学"科技投入和社会集资为补充的多元化、多层次、多渠道的科技投入市场机制。加大对产业生态化关键技术的攻关力度，组织开发和示范有推广意义的矿产资源综合利用技术、相关产业链接技术、零排放技术、可回收材料和回收拆解处理技术、绿色再制造技术、可再生资源开发技术等，编制重点行业发展产业生态化先进适用技术目录，建立并推广实行产业生态技术标准体系。

完善科技创新投融资体系。积极引进国内外风险投资公司在九江市设立分支机构，鼓励金融机构开展知识产权、科技成果等无形资产质押贷款，支持高新技术产业和初创型科技企业发展。鼓励社会资金建立科技型企业信用担保机构，对科技企业和高新技术产业化项目的融资需要予以优先支持。每年定期组织科技型企业与金融机构进行项目洽谈对接，进一步拓宽企业融资的渠道。

第三，创新文化支持体系。

"生态优先、绿色发展"，推进产业生态化，需要加强生态文化建设。在这方面，九江具有较大的地方文化优势。

九江地理位置优越，襟江带湖，九江的文化天然地具有"多元共生"的精神品格。在九江的多元文化中，各种文化成分及其地位举世瞩目，其中孕育了许多生态文化内涵，如山水田园文化、书院文化、宗教文化、旅游休闲文化、茶文化、民俗文化等。由于地处"吴头楚尾"，是吴楚渗透交融之地，早期受吴越文化和荆楚文化的影响，后来随着中原政治、经济重心南移，又受到中原文化的影响，这就决定了九江地域文化呈现出显著的多样性、丰富性。表面看起来，似乎九江的历史文化比较庞杂，主线很模糊，特色不突出。但深入考察分析，可以发现，生态文化是九江地方传统文化的主轴。理由是：

首先，各类文化形成的起因均与九江的生态价值相关，体现的是尊重自然，天人合一。例如，历史上的名人墨客、失意官员到九江都是寄情山水，感受万物，赞美自然，获取生活的动力。陶渊明如此，谢灵运、李白、白居易、苏轼也莫不如是。

其次，深耕细作、物尽其用。几千年来，勤劳、好学、聪慧的九江人民在农耕经济基础上创造了独特的物质文化和灿烂的精神文化。文化底蕴的深厚也使九江人具备了吃苦耐劳、敦厚务实的特质。再加上"鱼米之乡"的无忧生活使九江人造就了今日低调内敛、不走极端的中庸心态。这种特质与"海内书院第一""中国四大书院之首"的白鹿洞书院的条规"博学之，审问之，慎思之，明辨之，笃行之"的精神显然是相通的。

最后，包容的性格特征。九江的地理与人文也影响到了九江人的性格。胡适曾说庐山的三处历史遗迹代表中国的三大趋势：一是慧远的东林寺代表了中国佛教化和佛教中国化的大趋势；二是白鹿洞代表中国近世 700 年的宋学大趋势；三是牯岭代表西方文化进入中国的大趋势。而佛教、道教、伊斯兰教、天主教、基督教共处庐山，更展示着和谐共生的独特文化景观。这深刻影响并表现出九江人多元文化的包容，不能不说是产生于并延伸于对生物多样性的包容共生。

仅仅从以上的粗浅分析就可以看出，生态文化是九江地方文化的主要脉络。厘清这条脉络，充分发掘、利用，对九江的生态文明建设、对参与长江经济带的绿色发展，具有深远而现实的意义。为此，笔者建议：

一要构建九江生态文化资源数据库。

虽然九江传统生态文化资源存量丰富，但原始资源较为分散，各县（区、市）、各相关部门没有建立协调配合的工作平台和强有力的规划引导，缺乏统一管理，资料零散，系统获取较为困难。因此，构建生态文化资源库势在必行，这是对传统文化资源深度挖掘和传承的重要条件。

二要探求九江生态文化的基因密码。

区域生态文化研究要对区域内生态文化的孕育、形成、演化的各种因子进行单因子分析。在把握生态文化的区域特征的前提下，深入分析各单因子的分化或融合的方式、路径及趋势，了解生态文化因子变迁的过程和原因，从而找到九江地域生态文化的基因密码，为九江区域特质的地方生态文化的传承、创新和应用打下可靠的基础。

三要彰显九江地方文化的生态主轴。

把握地域生态文化的基因密码，归纳提炼出九江文化的生态主线，不仅给予九江区域产业生态化提供文化支持，也使九江区域优美的山水景观与深厚的历史文化主线凸显、脉络清晰，可直接促进旅游产业的蓬勃发展。

绿色发展指标体系

一级指标	序号	二级指标	计量单位	指标类型	权数（%）
一、资源利用（权数＝29.3%）	1	能源消费总量	万吨标准煤	◆	1.83
	2	单位 GDP 能源消耗降低	%	★	2.75
	3	单位 GDP 二氧化碳排放降低	%	★	2.75
	4	非化石能源占一次能源消费比重	%	★	2.75
	5	用水总量	亿立方米	◆	1.83
	6	万元 GDP 用水量下降	%	★	2.75
	7	单位工业增加值用水量降低率	%	◆	1.83
	8	农田灌溉水有效利用系数	—	◆	1.83
	9	耕地保有量	亿亩	★	2.75
	10	新增建设用地规模	万亩	★	2.75
	11	单位 GDP 建设用地面积降低率	%	◆	1.83
	12	资源产出率	万元/吨	◆	1.83
	13	一般工业固体废物综合利用率	%	△	0.92
	14	农作物秸秆综合利用率	%	△	0.92
二、环境治理（权数＝16.5%）	15	化学需氧量排放总量减少	%	★	2.75
	16	氨氮排放总量减少	%	★	2.75
	17	二氧化硫排放总量减少	%	★	2.75
	18	氮氧化物排放总量减少	%	★	2.75

续表

一级指标	序号	二级指标	计量单位	指标类型	权数（%）
二、环境治理（权数 = 16.5%）	19	危险废物处置利用率	%	△	0.92
	20	生活垃圾无害化处理率	%	◆	1.83
	21	污水集中处理率	%	◆	1.83
	22	环境污染治理投资占 GDP 比重	%	△	0.92
三、环境质量（权数 = 19.3%）	23	地级及以上城市空气质量优良天数比率	%	★	2.75
	24	细颗粒物（PM2.5）未达标地级及以上城市浓度下降	%	★	2.75
	25	地表水达到或好于Ⅲ类水体比例	%	★	2.75
	26	地表水劣 V 类水体比例	%	★	2.75
	27	重要江河湖泊水功能区水质达标率	%	◆	1.83
	28	地级及以上城市集中式饮用水水源水质达到或优于Ⅲ类比例	%	◆	1.83
	29	近岸海域水质优良（一二类）比例	%	◆	1.83
	30	受污染耕地安全利用率	%	△	0.92
	31	单位耕地面积化肥使用量	千克/公顷	△	0.92
	32	单位耕地面积农药使用量	千克/公顷	△	0.92
四、生态保护（权数 = 16.5%）	33	森林覆盖率	%	★	2.75
	34	森林蓄积量	亿立方米	★	2.75
	35	草原综合植被覆盖度	%	◆	1.83
	36	自然岸线保有率	%	◆	1.83
	37	湿地保护率	%	◆	1.83
	38	陆域自然保护区面积	万公顷	△	0.92
	39	海洋保护区面积	万公顷	△	0.92
	40	新增水土流失治理面积	万公顷	△	0.92
	41	可治理沙化土地治理率	%	◆	1.83
	42	新增矿山恢复治理面积	公顷	△	0.92

续表

一级指标	序号	二级指标	计量单位	指标类型	权数（%）
五、增长质量（权数＝9.2%）	43	人均 GDP 增长率	%	◆	1.83
	44	居民人均可支配收入	元/人	◆	1.83
	45	第三产业增加值占 GDP 比重	%	◆	1.83
	46	战略性新兴产业增加值占 GDP 比重	%	◆	1.83
	47	研究与试验发展经费支出占 GDP 比重	%	◆	1.83
六、绿色生活（权数＝9.2%）	48	公共机构人均能耗降低率	%	△	0.92
	49	绿色产品市场占有率（高效节能产品市场占有率）	%	△	0.92
	50	新能源汽车保有量增长率	%	◆	1.83
	51	绿色出行（城镇每万人口公共交通客运量）	万人次/万人	△	0.92
	52	城镇绿色建筑占新建建筑比重	%	△	0.92
	53	城市建成区绿地率	%	△	0.92
	54	农村自来水普及率	%	◆	1.83
	55	农村卫生厕所普及率	%	△	0.92
七、公众满意程度	56	公众对生态环境质量满意程度	%	—	—

参考文献

［1］厉无畏．中国产业生态化发展的实现途径［J］．绿叶，2008（12）．

［2］张波．生态环境部4月份例行新闻发布会答记者问．2018 – 4 – 19.

［3］蒋平．2018年生态工业园发展现状与未来趋势分析［J］．建设步伐加快前瞻产业研究院 daqi. bux. com. cn，2018 – 3 – 30.

［4］田金平等．中国生态工业园区发展现状与展望［J］．生态学报，2016，36（22）：7323 – 7334.

［5］段宁，乔琦等．循环经济理论与生态工业技术［M］．北京：中国环境科学出版社，2009（7）．

［6］吴巨培，彭福扬．产业生态化发展及其实现路径［J］．湖南社会科学，2013（5）：149 – 151.

［7］苏明武．产业生态化进程的现状及因素浅析［J］．市场论坛，2017（10）：12 – 14.

［8］史巧玉．产业生态化、研究进展及其引申［J］．经济问题，2013（10）：9 – 14.

［9］韩永辉，钟伟声．产业生态化转型的国别经验和战略启示［J］．城市观察，2015（2）：17 – 20.

［10］武春友，邓华，段宁．产业生态系统稳定性研究述评［J］．中国人口资源与环境，2005，15（5）：20 – 25.

［11］苏明武．产业生态化进程的现状及因素浅析［J］．市场论坛，2017（10）．

[12] 邱跃华. 产业生态化理论综述与创新展望 [J]. 现代经济信息, 2015 (9): 237 - 240.

[13] 刘则渊, 代锦. 产业生态化与我国经济的可持续发展道路 [J]. 自然辩证法研究, 1994 (12): 40 - 42.

[14] 王如松, 杨建新. 产业生态学和生态产业转型 [J]. 世界科技研究与发展, 2000, 22 (5): 24 - 31.

[15] 郭守前. 产业生态化创新的理论与实践 [J]. 生态经济, 2002 (4): 34.

[16] 陈柳钦. 产业发展的可持续性趋势——产业生态化 [J]. 未来与发展, 2006 (5): 31 - 34.

[17] 陈柳钦. 未来产业发展的新趋势: 集群化融合化和生态化 [J]. 商业经济与商业管理, 2006 (1): 30 - 34.

[18] 童辉. 我国产业生态化的问题及路径选择 [D]. 天津: 天津商业大学硕士论文, 2008 (5).

[19] 任杰等. 区域资源产出率核算方法及实证研究 [J]. 中国人口·资源与环境, 2017 (5): 152 - 154.

[20] 赵林飞, 徐芸青. 基于生态系统的产业生态化研究 [J]. 浙江理工大学学报, 2007 (4): 494 - 497.

[21] 王婧. 论循环经济和产业生态化及其内在关系 [J]. 商业时代, 2009 (14): 109 - 110.

[22] 张文龙, 余锦龙. 基于产业共生网络的区域产业生态化路径选择 [J]. 社会科学家, 2008 (12): 47 - 50.

[23] 张文龙, 邓伟根. 产业生态化: 经济发展模式转型的必然选择 [J]. 社会科学家, 2010 (7): 44 - 48.

[24] 易成栋, 罗志军. 中国生态工业园初探 [J]. 中国人口·资源与环境, 2002, 12 (3): 113 - 116.

[25] 屠凤娜. 产业生态化: 生态文明建设的战略举措 [J]. 理论前沿, 2008 (18): 36 - 37.

[26] 杨忠直. 以生态化标准推进我国产业发展 [J]. 北京工业大学学报 (社会科学版), 2004 (1): 1 - 6.

[27] 陈晓涛. 循环经济下的技术生态化演进分析 [J]. 科学管理研究，2006（3）：37 - 40.

[28] 赵林飞. 产业生态化的若干问题研究 [D]. 杭州：浙江大学硕士学位论文，2003.

[29] 孟祥林. 产业生态化：从基础条件与发展误区论平衡理念下的创新策略 [J]. 学海，2009（4）：98 - 104.

[30] 俞国方，娄美珍. 回顾与前瞻：产业生态系统理论研究 [J]. 四川大学学报（哲学社会科学版），2008（3）：92 - 100.

[31] 邓南圣，吴峰. 工业生态学——理论与应用 [M]. 北京：化学工业出版社环境科学与工程出版中心，2002：359 - 361.

[32] 韩良，宋涛，佟连军. 典型生态产业园区发展模式及其借鉴 [J]. 地理科学，2006（2）：237 - 243.

[33] 成娟，张克让. 产业集群的生态化及其发展对策 [J]. 经济与社会发展，2006，4（1）：102.

[34] 曹休宁. 基于产业集群的工业园区发展研究 [J]. 经济地理，2004（4）：441 - 442.

[35] 胡孝权. 产业生态与产业集群生态化发展策略研究 [J]. 天津商业大学学报，2011（1）：28 - 32.

[36] 张洪军，等. 生态规划 [M]. 北京：化学工业出版社，2007.

[37] 任杰，钱发军，刘鹏. 区域资源产出率核算方法及实证研究 [J]. 中国人口·资源与环境，2017，27（5）：152 - 154.

[38] 任杰，钱发军，刘鹏. 区域资源产出率核算方法研究 [J]. 环境科学与管理，2017，42（7）：172 - 175.

[39] 赵景柱. 社会 - 经济 - 自然复合生态系统持续发展评价指标的理论研究 [J]. 生态学报，1995，15（3）：327 - 330.

[40] 熊鸿斌，张锴. 提高资源产出率对生态产业链构建中稳定性的影响 [J]. 绿色科技，2015（6）：323 - 327.

[41] 季昆森. 提高资源产出率是建设生态文明的重要途径. 宏观经济管理，2014（12）：15 - 16.

[42] 王晶，孔凡斌. 区域产业生态化效率评价研究——以鄱阳湖生态

经济区为例［J］.经济地理，2012，32（12）：101－107.

［43］朱兵，陈增博，张羽鹏，陈定江，蒋萌.基于估算方法的中国市县域资源产出率核算框架评估［J］.清华大学学报（自然科学版），2016，56（12）：1341－1345.

［44］靳磊，夏龙君."战略管理"理论回顾及研究趋势.经济研究参考，2010（24）：45－49.

［45］谭力文，丁靖坤.21世纪以来战略管理理论的前沿与演进.南开管理评论，2014，17（2）：84－94.

［46］林云莲.产业生态管理：一种可持续发展的管理新范式.科学管理研究，2006，24（1）：33－35.

［47］李云燕.产业生态系统的构建途径与管理方法.生态环境，2008，17（4）：1707－1714.

［48］田圣炳.战略管理理论流派的演进.科技与管理，2004：640－642.

［49］姚小涛.战略管理理论研究的发展历程与展望.预测，2003，22（6）：12－18.

［50］魏江，邬爱其，彭雪蓉.中国战略管理研究：情境问题与理论前沿.管理世界，2014（12）：167－171.

［51］靳磊，夏龙君.战略管理理论回顾及研究趋势.经济研究参考，2010（24）：45－49.

［52］谭力文，丁靖坤.21世纪以来战略管理理论的前沿与演进.南开管理评论，2014，17（2）：84－94.

［53］冯劲代.吉林战略管理理论综述：竞争理论与资源观的理论纷争与融合.现代管理科学，2007（3）：50－52.

［54］王磊，龚新蜀.城镇化、产业生态化与经济增长——基于西北五省面板数据的实证研究.中国科技论坛，2014（3）：99－105.

［55］王磊，龚新蜀.城镇化与产业生态化的互动关系——以西北五省（区）为例.城市问题，2014（5）.

［56］颜京松，王如松，蒋菊生，王震.产业转型的生态系统工程原则和战略.复合生态与循环经济，170－185.

［57］田圣炳.战略管理理论流派的演进.科技与管理，2004，28（6）：

40 – 42.

[58] 原长弘, 章芬. 战略管理学的混合方法研究: 设计策略与技巧. 科学学与科学技术管理, 2014, 35 (11): 28 – 39.

[59] 武亚军, 冯晓岚, 许德音. 战略理论的隐喻、范式及整合意义. 浙江大学学报 (人文社会科学版), 2009 (5): 23 – 33.

[60] 林云莲. 产业生态管理: 一种可持续发展的管理新范式第卷. 科学管理研究, 2006, 24 (1): 33 – 35.

[61] 吴荻, 武春友. 产业集群生态化及其模式的构建研究. 当代经济管理, 2011, 33 (7): 64 – 68.

[62] 成娟, 张克让. 产业集群生态化及其发展对策. 经济与社会发展, 2006, 4 (1): 102 – 105.

[63] 张晓芬, 柳晓玲, 董玉宽. 产业集群生态化发展模式研究. 首都经济贸易大学学报, 2015, 17 (1).

[64] 蒋珩. 基于自组织理论的战略性新兴产业系统演化: 不确定性和跃迁. 科学学与科学技术管理, 2014 (1): 126 – 131.

[65] 李昆. 企业群落生态化的复杂动力机制. 北京: 经济科学出版社, 2010.

[66] 聂永有, 费金玲. 产业生态系统演化的动力机制研究. 集团经济研究, 2007 (3).

[67] 王磊, 龚新蜀. 城镇化与产业生态化的互动关系. 城市问题, 2014 (5): 61 – 67.

[68] 鲁雁. 产业生态化动因机制及其模型构建. 统计与决策, 2011, 328 (4): 60 – 62.

[69] 张晶. 产业生态系统定性与定量研究综述. 生态经济, 2016, 32 (12): 65 – 68.

[70] 何东, 邓玲. 区域生态工业系统的理论架构及其实现路径. 社会科学研究, 2007 (3).

[71] 武春友, 邓华, 段宁. 产业生态系统稳定性研究述评. 中国人口资源与环境, 2005, 15 (5): 20 – 25.

[72] 张晶. 产业生态系统的定量解析与评价及仿真 [D]. 中国矿业大

学博士学位论文, 2012.

[73] 吴琼. 产业结构生态化转型路径探析. 理论视野, 2014 (1): 79 - 81.

[74] 吴鹏举, 郭光普, 孔正红, 张艳芳, 纪传伟. 基于系统自组织的产业生态系统演化与培育. 自然杂志, 2008, 30 (6): 354 - 358.

[75] 吴鹏举, 郭光普. 区域产业生态系统培育及其平台建设研究. 工业技术经济, 2009, 28 (2): 64 - 67.

[76] 董岚. 生态产业系统构建的理论与实证研究 [D]. 武汉: 武汉理工大学博士学位论文, 2006 (4).

[77] 施本植, 许树华. 产业生态化改造及转型: 云南走向绿色发展的思考. 云南社会科学, 2015 (1): 81 - 85.

[78] 束慧. 产业生态系统的空间均衡分析及布局优化 [D]. 南京: 东南大学博士学位论文, 2016 (10).

[79] 李云燕. 产业生态系统的构建途径与管理方法. 生态环境, 2008, 17 (4): 1707 - 1714.

[80] 谢品. 产业生态系统的构建途径与管理方法初探. 管理观察, 2016, 606 (7).

[81] 郭京福, 毛海军, 王建斌. 产业生态系统的特性与实施对策. 学术交流, 2010, 198 (9): 88 - 90.

[82] 施晓清. 产业生态系统及其资源生态管理理论研究. 中国人口·资源与环境, 2010, 20 (6): 80 - 86.

[83] 娄美珍, 俞国方. 产业生态系统理论及其应用研究. 当代财经, 2009, 290 (1): 116 - 122.

[84] 赵军. 产业生态系统演化过程模型构建及其特征探析. 高科技与产业化, 2014 (7): 102 - 105.

[85] 张欲非. 区域产业生态化系统构建研究 [D]. 哈尔滨: 哈尔滨工业大学博士学位论文, 2007 (3).

[86] 张睿, 钱省三. 区域产业生态系统及其生态特性研究. 研究与发展管理, 2009, 21 (1): 45 - 50.

[87] 李健, 康懿. 区域产业生态系统健康的模糊物元贴近度评价研

究——以天津滨海新区为例．地域研究与开发，2012，31（3）：131-135．

[88] 张睿，钱省三．区域产业生态系统组织成员间的竞合协同进化研究．科技进步与对策，2009，26（16）：48-50．

[89] 何东，邓玲．区域生态工业系统的理论架构及其实现路径．社会科学研究，2007（3）：58-61．

[90] 王如松，欧阳志云．社会—经济—自然复合生态系统与可持续发展．中国科学院院刊，2012，27（3）：337-345．

[91] 刘国山，徐士琴，孙懿文，韩继业．生态产业共生网络均衡模型．北京科技大学学报，2013，35（9）：1221-1229．

[92] 袁增伟，毕军．生态产业共生网络形成机理及其系统解析框架．生态学报，2007，27（8）：3182-3188．

[93] 危旭芳．生态产业集群的基本模式及其构建路径．江西社会科学，2008：5194-198．

[94] 李小鹏．生态工业园产业共生网络稳定性及生态效率评价研究[D]．天津：天津大学博士学位论文，2011（5）．

[95] 吴巨培，彭福扬．产业生态化发展及其实现路径．湖南社会科学，2013（5）．

[96] 王亚平，任建兰，程钰．科技创新对绿色发展的影响机制与区域创新体系构建．山东师范大学学报（人文社会科学版），2017，62（4）：68-76．

[97] 柳卸林．区域创新体系成立的条件和建设的关键因素．中国科技论坛，2003（1）：18-22．

[98] 李虹．区域创新体系的构成及其动力机制分析．科学学与科学技术管理，2004（2）：234-36．

[99] 陈广胜，许小忠，徐燕椿．区域创新体系的内涵特征与主要类型：文献综述．浙江社会科学，2006（3）：23-29．

[100] 乔宇锋．区域创新体系的微观动力机制分析．区域经济评论，2017（6）：74-84．

[101] 陈艳华．区域创新体系建设比较与启示——以杭州市、东莞市为例．科技经济导刊，2017（14）：213-215．

[102] 王松，胡树华，牟仁艳．区域创新体系理论溯源与框架．科学学研究，2013，31（3）：344－349.

[103] 张立岩．区域科技创新平台生态系统发展模式与机制研究［D］．哈尔滨：哈尔滨理工大学博士学位论文，2015（6）.

[104] 陈浩．国内外区域创新体系研究进展．科技与经济，2006，19（6）：13－16.

[105] 王雪，施晓晴．基于GIS的产业生态学研究述评［J］．生态学报，2017，37（4）：1346－1357.

[106] 杜小坤．环境监测数据管理系统的设计与实现［D］．大连：大连理工大学博士论文，2016.

[107] 百度百科．asp. net［DB/OL］．https：//baike. baidu. com/item/asp. net.

[108] 晓涵．HTTP协议揭秘［J］．计算机与网络，2017，2（43）：64－71.

[109] 查修齐，吴荣泉，高元钧．C/S到B/S模式转换的技术研究［J］．计算机工程，2014（1）：263－267.

[110] 薛伟贤，刘静．环境规制及其在中国的评估［J］．中国人口·资源与环境，2010（9）：70－77.

[111] 吕铁．论技术标准化与产业标准战略　中国工业经济，2005（7）：43－49.

[112] 李华旭，孔凡斌．长江经济带沿江地区产业生态化效率研究——基于沿江9省（区）27个城市2011～2014年相关统计数据．企业经济，2016，434（10）：101－108.

[113] 马勇，刘军．长江中游城市群产业生态化效率研究．经济地理，2015，35（6）：124－129.

[114] 2018年中国环保行业经济运行现状、行业现状与需求及环保行业发展趋势分析．www. chyxx. com/industry/201808/667913. html，2018－8－16.

[115] 周燕芳，杨钟红．中国产业生态化政策分层次分析与建议．生态经济，2014，30（8）：72－75.

[116] 程宇航．论构建现代生态产业体系［J］．中国井冈山干部学院学报，2009（6）：80－86.

[117] M. Leigh, X. Li. Industrial ecology, industrial symbiosis and supply chain environmental sustainability. *Journal of Cleaner Production*, 2015 (106): 632 – 643.

[118] Editorial Robert Ayres. Ecological Economics and Industrial Ecology [J]. *Environmental Innovation and Societal Transitions*, 2013 (9): 1 – 7.

[119] Editorial Political-industrial ecology: integrative, complementary and critical approaches [J]. *Geoforum*, 2017 (85): 392 – 395.

[120] Cloud E. Materials and Posterity [J]. *Geologische Rundechau*, 1997, 66 (3): 678 – 696.

[121] Frosch R A, Gal – loupoulos E. Towards an Industrial Ecology in the Treatment and Handling of Wastes [M]. *London*: *London Chapnan and Hal*, 1992: 269 – 292.

[122] Daniel C E. Industrial Ecology and Competitiveness Strategic Implications for the Firm [J]. *Journal of Industrial Ecology*, 1998, 2 (1): 78.

[123] Levine S H. Comparing Products and Production in Ecological and Industrial Systems [J]. *Journal of Industrial Ecology*, 2003 (3): 33 – 42.

[124] Lowe E, Holmesm S. A Field Book for the Development of Eco-industrial Parks [R]. Report for the U. S. Environmental Protection Agency. Oakland (CA): Indigo Development Internationa, 1995: 67 – 72.

[125] Cohenrosenthal E, Smith M. Cornell's Perspective on Eco – Industrial Parks: Vision of the Future of Industry [R]. 2000.

[126] Boulding, K. E. No second chance for man [A]. College Division of Scott, Foresman and Company. The Crisis of Survive [C]. *Boston*: *Scott, Foresman and Company*, 1970, 13.

[127] Jeremy H. Yunea, b, Jinping Tiana, Wei Liua, Lujun Chena, b, Cathy Descamps – LargecGreening Chinese chemical industrial park by implementing industrial ecology strategies: A case study *Resources, Conservation and Recycling*, 2016 (112): 54 – 64.

[128] Qiao Haoa, Jinping Tiana, b, Xing Li a, Lujun ChenaUsing A hybrid of green chemistry and industrial ecology to make chemical production greener

Resources, *Conservation and Recycling*, 2017 (122): 106 – 113.

[129] Gui – Rok Kwona, Seung H. Woo b, Seong – Rin LimIndustrial ecology-based strategies to reduce the embodied CO_2 of magnesium metal *Resources*, *Conservation and Recycling*, 2015 (104): 206 – 212.

[130] Jian Xu, Jian Kang, Long Shao, Tianyu Zhao. System dynamic modelling of industrial growth and landscape ecology in China. *Journal of Environmental Management*, 2015 (161): 92 – 105.

[131] Michael Leigh, Xiaohong Li. Industrial ecology, industrial symbiosis and supply chain environmental sustainability: a case study of a large UK distributor*Journal of Cleaner Production*, 2015 (106): 632 – 643.

[132] Yu Zenga, Renbin Xiao, Xiangmei Li. Vulnerability analysis of symbiosis networks of industrial ecology parks *Procedia Computer Science*, 2013 (17): 965 – 972.